创造一间
书香教室

陈明梅 著

浙江工商大学出版社 杭州
ZHEJIANG GONGSHANG UNIVERSITY PRESS

图书在版编目(CIP)数据

创造一间书香教室 / 陈明梅著. — 杭州:浙江工
商大学出版社,2020.9
ISBN 978-7-5178-4001-5

Ⅰ.①创… Ⅱ.①陈… Ⅲ.①中学－班主任工作－经
验 Ⅳ.①G635.16

中国版本图书馆 CIP 数据核字(2020)第 140190 号

创造一间书香教室
CHUANGZAO YI JIAN SHUXIANG JIAOSHI

陈明梅 著

出 品 人	鲍观明
策划编辑	沈 娴
责任编辑	刘 颖 沈 娴
责任校对	何小玲
封面设计	叶泽雯
责任印制	包建辉
出版发行	浙江工商大学出版社
	(杭州市教工路 198 号 邮政编码 310012)
	(E-mail:zjgsupress@163.com)
	(网址:http://www.zjgsupress.com)
	电话:0571 - 88904980,88831806(传真)
排 版	杭州朝曦图文设计有限公司
印 刷	浙江海虹彩色印务有限公司
开 本	880mm×1230mm 1/32
印 张	8.125
字 数	170 千
版 印 次	2020 年 9 月第 1 版 2020 年 9 月第 1 次印刷
书 号	ISBN 978-7-5178-4001-5
定 价	49.80 元

序　一束光的力量

陈明梅老师把她的书稿发给我，请我为她的第二本专著写序。

2020 年 1 月 14 日晚上，我和陈明梅老师在杭州西湖畔见了一次面。那天，我们在西湖的迷人夜色里转了一会儿，然后在湖边一个酒店的大堂里坐了下来，要了一壶茶，喝着茶，聊着对班主任工作的感受。

我请她说说对这三个问题的看法：

1. 作为班主任，我存在的意义是什么？

2. 作为班主任，我将把学生带到哪里？我期待自己能够成长为什么样的班主任？

3. 作为班主任，我的教育主张是什么？

陈老师虽然和我说了很多班主任的工作趣事与苦恼，但她不肯立即回答我这三个问题。她说她怕语无伦次、词不达意，必须回去仔细思考后再书面答复我。

这是位做事极其认真细致的老师。

我很喜欢陈明梅老师，喜欢她穿旗袍的优雅，喜欢她爽朗的笑声，喜欢她的真实自然，喜欢她的老文青气息。我和她的相识属于一"网"情深的套路，在一个德育群里陈老师主动"艾特"了我，从此我们便成为无话不谈的挚友。

那夜,陈老师和我说起了她的一个愿望,她希望在 2020 年能够写出第二本书,作为送给自己 30 年教师生涯的一份特殊的礼物。我拍手赞同。优秀的人儿总是非常认真,她把因为疫情防控而被迫宅居的日子,变成了一段安安静静地回顾自己书香班级建设的美好时光。

很有幸,我隔空见证了她写作的全过程。每天她都会坚持写作,写一段时间就会发给我看她写在纸头上的写作框架图,每次我只会说"挺好的""加油吧"。我感谢她的信任,也幸福着她的分享。

阅读陈明梅老师的书稿是一件幸福的事。

2020 年 8 月 9 日,我在出差途中一口气把她发来的书稿全都读完,不禁为之赞叹。正如她所说:与她的第一本专著相比,这一本专著她更多地侧重于把她如何建设书香班级的方法总结归纳了出来,从物质文化、制度文化、行为文化、精神文化等维度一一加以细细阐述,学理性和操作性更强。我相信,在写作的过程中,她自身也获得了非常多的专业成长,她开始从经验型班主任走向研究型班主任。我认为,对她而言这份礼物的意义更多会在于此。与第一本专著相同的是,她的第二本专著字里行间散发着的仍是满满的书香气息,她把阅读、音乐、戏剧作为她建设书香班级的三张名片,每一张名片背后都渗透着她的文化育人、民主管理等教育理念。

我一直坚持着"生活有痕,教育无痕"的教育主张,我之所以能够和陈明梅老师相见恨晚,很大程度也是因为我们属于同道中人,她的书香班级建设恰好是我追求的教育境界。从陈老师身上,我们可以看到,有智慧的班主任会为学生精心设计出适合的教育路径,擅长于潜移默化之中把真善美传递给每一位学生。

西湖边的那夜,我对陈明梅老师说:"我感觉你就像一束光,非常有力量。"我认为,作为学生成长重要他人的班主任应该就是一束光,去照亮每一位学生内心中期待的成长之路。

就我那天提出的三个问题,陈明梅老师后来书面发给我的答案如下:

1. 我能够陪伴学生愉快走过他(她)人生中最美丽的一段青春历程,并且在朝夕相处中,能给予学生人格的力量。这种力量像一束光,很多年以后,仍然能够照亮前行的路。

2. 我努力帮助学生成长为他自己喜欢的样子。我期待自己做一个兴趣爱好、个性特质和我的职业完美统一的班主任。热爱阅读,和学生一起阅读,并且把阅读变成思考,思考促进行动,受学生喜欢的班主任。

3. 教育即阅读。学生的阅读历史就是其精神成长的历史。阅读导行塑形,书能滋养学生的品性。

我提出这三个问题的目的是引导班主任们去思考作为班主任的"使命何在""愿景何在""价值观何在",陈明梅老师给了我一份非常优秀的答案,这份答案在她的书稿中也处处可以触摸到、感受到。我希望有越来越多的班主任打开陈明梅老师的这本专著,学习她的班主任情怀和工作方法。

我感觉,这本书也像一束光,会照亮学生前行的路,更会照亮一线中职班主任的专业成长之路。感谢陈明梅老师给予我们如此力量,向陈明梅老师 30 年教师生涯表示最深最真的敬意。

梅亚萍

2020 年 8 月 9 日夜于南京

（作者为中国职教学会德育工作委员会理事）

自序　50岁,重新开始做班主任

白驹过隙。不知不觉中,我竟然已经走过了 30 个教育春秋。特别是回首 25 年的班主任之路,我强烈地感觉到,只有当班主任,才能享受到幸福而完整的教育生活。如果可以,我愿意将以往清零,50 岁,重新开始做班主任。

这样想着,思考的闸门陡然打开了。

起点处,激情燃烧

1990 年 8 月,高考落榜的我,成为一名小学四年级的代课教师。我抱着"不能误人子弟"的教育良心,满腔热情地投入班主任工作。我带着学生们游学,采访小镇上的风云人物,去杭州电视台竞聘小记者……我辅导学生写的作文登上了党报,学生的考试成绩位列全区第二。校长在教工大会等各种场合肆意表扬我:"一个代课老师抵得上两个公办教师。"

后来我去了镇里的中学,除了孕产假和学习培训的 3 年,其余 6 年,我都是一线班主任。那时的我,和学生同吃同住,同欢笑同洒泪。我白天耕耘讲坛,孜孜不倦;晚上自己进修,青灯黄卷。教育是一种影响,我的好学和上进也感染了学生。我带的两届学生,德智体美劳样样优秀,不仅囊括了学校所有比赛的奖牌,学习成绩也特别优秀,中考成绩打破了学校纪录。校长逢人就夸陈明梅是学校的一块牌子。

小学、初中11年班主任生涯,是我"为班主任工作拼命"也是"最为享受班主任工作"的激情燃烧的岁月。在这过程中,最大的收获是,培育了我的一颗热爱班主任工作,立志一辈子做班主任的心。我自动屏蔽了跳槽去国企高薪岗位任职、去政府机关单位工作、走上学校中层领导岗位的诱惑(后来,我还放弃了去高职院校当心理辅导员的机会),一心一意,踏实践行在班主任的园地里。

挫折时,自我救赎

2004年,我调入杭州,成了一个中职班主任。没想到,满怀教育理想和激情的我,很快被学生折磨得痛不欲生。雪上加霜的是,班主任考核,我还被评为C等。我被这当头一棒打倒了,一度萎靡不振,也曾怀揣辞职报告敲开校长的办公室。辞职没有成功,但之后我的班主任工作状态就是"三分三"。2009年,我达到了评高级职称所需的班主任年限,于是,我坚决不愿意再当班主任。

之后的2年,我终于实现了不当班主任的愿望。闲暇出思考。我经常会不自觉地想,为什么带小学、初中学生时,我当班主任当得辉煌,到了中职就一败涂地?除了城郊和城里孩子的个体差异,初中生和中职生的年龄差异,以及我由初中老师转变为高中老师的适应过渡问题之外,还有没有班级管理本身的因素呢?

2011 年 8 月,我又被领导"骗"着当上了班主任。百般推辞无果的情况下,带这个班的最后一年,抱着最后一次当班主任的决心,我铆足了劲,带出了"市级先进班级"。可是,当我满心欢喜地向学生宣告这个特大喜讯的时候,学生却发出了"市级先进班级和我有什么关系"的诘问。我无地自容。

痛定思痛之后,我终于意识到:

第一,我在当小学、初中班主任阶段取得的成绩,不全是因为我的能力,而是得益于优质的生源。小学时,我班里的学生是全镇最优秀的孩子。由于我在任教小学时的名气,任教初中时,家长都削尖脑袋把孩子往我班里送。事实上,那个时期我带的班级相当于全镇的"杭二中"的生源。这样的优势生源班级,换成了另外的老师,未必带得比我差。

第二,我努力带班,某种意义上说,我带的是功利。没有教育情怀,很少有学生立场。因为我一心想获取文凭,一心想获得公办教师资格,一心想取得高级教师资格证书,一心想获得"市级先进班级"荣誉称号。我眼里有很多的功利。所以,在班级管理过程中,很多时候,我会不自觉地遮蔽了教育。我,一心赶路,忘记了自己是为什么出发。

第三,我一直是权威、情感、制度带班。"盯、关、跟,管、控、压"是我带班的法宝。理念的缺失、方向的错位、头痛医头脚痛医脚的带班策略,让我深陷急功近利的泥淖。所以,当学生成长过程中遇到问题,最需要班主任科学指导、正面引领的时候,我的带班能力的不足就暴露无遗了。我的这种方法,遇到有自主思考、有民主意识的学生时,所谓的权威、情感、制度管理就会即刻土崩瓦解。

担任中职班主任工作的这 8 年,我一点也不快乐,这是一段没有亮色的时光,甚至还夹杂着伤心和绝望。但是,我会时时想起它。得意的时候,我会想起它,沮丧到不能自已的时候,更会想起它。现在看来,这些思考实际上意味着,我已经从灵魂深处厘清了当班主任带来的压抑和痛苦的根源,从而在精神上完成了自我救赎。

奔跑间,笃定信念

骨子里,我是喜欢做班主任的。精神上唤醒自我之后,2014 年 8 月,我在同事们诧异的眼神中,再次担任了普通班的班主任。

不同于以往,从知道自己要当班主任的那一天起,我就开始全面思考班主任工作:我要成为一个什么样的班主任?我要建设一个什么样的班级?我要把学生带到哪里去?我笃信,"以文化人,使之文化","文治"的班级管理模式,是走向科学管理的最美道路。于是,我开始了书香班级建设的实践,虽然是一些零星的想法以及几个书香特色的活动,书香理念之下的班级建设还是焕发了勃勃生机。我信心大增。2017 年新一届书香班,我开始系统思考,全面思考,走上了真正意义上的书香班级建设之路。我摒弃了千班一面的垂直式班级管理模式,建立了书香小组负责制的班级管理模式,创新了书香班级外在形象管理的机制,开创了"一张阅读成绩报告单、两次人文行走、三张阅读明信片、四大班本课程"的班级文化活动体系。我把阅读和管理链接起来,把阅读和修身链接起来。

书香班让我的班集体建设在"千班一面"的班集体建设的共性中实

现了个性化发展,班级建设从自发走向自觉。

书香班建设也改变了学生的生命状态和精神格局。高二学年期末,实习和高职分流,我连续两届接手了全校"熊孩子"最多的后进班。在班级管理中,我的最大法宝仍然是读书。一周一歌、一日一格言、一月一文学沙龙;看电影、听音乐、纸质阅读成为学生生活的一部分。在书的滋养下,学生们的坚毅、勤奋等个性品质得到了激发和优化,见贤思齐等人文素养得到了滋养和哺育。2014届,全班45个学生全部考入高职院校。学生家长蒋爸爸说:"我们家终于有大学生了,谢谢你,谢谢你,我们家祖宗十八代都谢谢你。"他的朴素表达,让我瞬间泪盈于睫。今年刚毕业的2017届就业班,我左手实习管理,右手高职考辅导。一封封书信,一次次"非暴力"沟通,一本本名著导读,把"技能擎梦,书香致远"的理念植入了学生们的灵魂。拿到毕业证书的那天,陈爸爸送了我一面锦旗,锦旗上写着"慈母般关爱,师恩胜亲人"。

成长时,且行且思

卡夫卡曾在1904年致友人的一封信中说:"我想,我们应该只读那些咬伤我们、刺痛我们的书。所谓书,必须是砍向我们内心冰封的大海的斧头。"早些年,我读课本,读教材,读备课笔记。读书让我从代课教师转为民办教师,又从民办教师转为公办教师;读书让我的学历由高中变为大专,又变为本科,我还读了1年半的硕士研究生课程。读书让我从小学老师变为初中老师,从初中老师变为高中老师。2016年,我开始专业阅读。阅读《班主任》《班主任之友》等班主任工作的专业期刊,阅读国内一线名班主任写的班主任专著,聆听班主任专家的讲座报告,加入班主任"大咖"云集的各种微信群。现在,我开始阅读《青少年发展心理学》《德育原理》等教育理论书籍。同时我还跨界阅读,广泛涉猎哲学、企业管理、文学艺术等领域的图书。阅读改变了我的观念、眼界、思维,重构了我的自我身份。

阅读促进了写作。万籁俱寂的夜晚,我摇曳着手中的笔杆,敲打着键盘,写下了约 25 万字的班主任工作散文集《我和我的书香班》;今年 9 月,我的班主任工作的第二本专著《创造一间书香教室》又将出版。除此之外,我开始在国家级杂志上发表文章,并且成了杂志封面人物;我开始做课题研究,加入了国家级课题组,成了核心成员,执笔的省级规划课题被立项,我的论文也获得了市级一等奖。随之而来的还有杭州市首届名班主任工作室领衔人、杭州市最美班主任、杭州市黄炎培理论研究奖、杭州市师德先进个人等荣誉。

2014 年至今这 6 年,是我野蛮成长的时期。在且行且思中,我的班级管理理念脱胎换骨。这 6 年,让我的班主任工作充满了教育的温度,也让教育的大旗真正插在了教室的中央。同时,这 6 年的努力成长,也让我深刻感悟到:现代意义上的班主任不是一桶水而是一条奔腾不息的河流;教师的幸福感,最终要寄希望于自己的专业能力提升。专业是抗拒一切打压和磨难的精神盾牌。

理想在,初心未改

五十知天命。有人说,你这么努力,是为了评上正高吧。这话说得没错,但不全对。能评上正高当然是我的目标之一,但不是全部。但是,即便评不上正高,我仍然可以不知天高地厚地奋发努力,就像当初我无知无畏地站在小学四年级的讲台上一样。50岁了,我渴望成功,但也不害怕失败。我赢得了,也输得起。人生处处是开始,50岁,一切可以重新开始。开始什么?

如何最大限度地发挥名班主任工作室的辐射、引领作用?

如何将书香班建设和职业教育更加紧密衔接?

如何将书香班建设和学生的职业规划建立关系?

如何在书香班建设中渗透准职业化的管理?

50岁了,依旧扎根班主任园地,我将一往无前!因为那些饱读诗书、才华横溢的专家,用谦逊和努力激励我"现在开始,永远不晚";那些永远激情、永远热爱、永远昂扬的同人,用美好的追求、赤子的模样,修正着我眺望远方的视线。理想在,初心未改。星河滚烫,理想永远。

2020 年 2 月 19 日

叁　书香班制度文化建设

陆　书香班文化建设结果

后记　写下即永恒/234

壹

这间教室，
偷渡着我对班主任工作的爱情

那年，我去台湾诚品书店，看到这样一句标语："书遇上人，蔚为风景，人遇上书，观点自成。这面墙，偷渡着我们对书的爱情。"看到这句标语，我喜欢得不得了。后来，我去问书店店长，这条标语是否有特别的含义。店长告诉我，这是诚品书店的特色文化，是诚品书店的定位。我思索良久，联想到班情、学情，我的班级建设之路，以及我的个性品质、兴趣爱好，豁然开朗。

"暮春者，春服既成，冠者五六人，童子六七人，浴乎沂，风乎舞雩，咏而归。"这是孔子和他的得意门徒曾皙心中"礼乐治国"的理想蓝图。在中职，我也有自己的理想蓝图，我可以"书香带班"！后来，我移用了诚品书店的标语，改为"书遇上人，蔚为风景，人遇上书，观点自成。小小一间房，偷渡着我对班主任工作的爱情"，用一个淡蓝色的框裱了一下，把它挂在我的办公室的墙上。就这样，"向'千班一面'告别，建设一个书香班"成了我班级建设的定位。

书香班，顾名思义，应该包含以下基本特征：第一，读书氛围浓，阅读体验深；第二，班规独特书香；第三，学生对音乐、电影、话剧等艺术有一定的赏析能力；第四，学生问题行为少，自律意识强；第五，班级德育活动书香味足，班级学生综合素养良好。

书香班以文化育人为管理理念，重点关注的不是外在的制度约束而是文化的浸润滋养，书香文化是班级的集体"脸谱"。在书香班的班级建设中，我致力于建立书香文化体系：我和学生一起给班级取了一个让人怦然心动的班名书香班；一起想了一句亮堂堂的口号"爱上阅读，书香最美"；一起讨论商议制定出一套不可量化的书香班级管理制度——22条《论语》班规和12条书香宝典；一起集体"山寨"了班歌《蜗牛》；一起设计了书香味、校园风的班服；一起开创了书香德育实践活动——运动会上"沙场秋点兵"、军训场上"会挽雕弓如满月"、情人节给家人做"纤手搓来玉数寻，碧油煎出嫩黄深"的佳肴；一起对班级管理体制进行改革，班级管理实行"书香小组自治"；一起制定独特的阅读评价制度——阅读成绩报告单。在此基础上，我们还进行了一系列具有书香班文化特色的实践活动，包括人文行走、寻找最美书店、新年诗会、文学沙龙、走进剧场。

另外，我还用阅读治疗的方法，和抑郁症学生林小田共读《活着》，成功帮助她重拾自信和阳光。我用音乐治疗的方法，抚平了学生因打篮球失利而愤愤不平，继而想用极端行为攻击报复的心理，帮助他们找到了简单易操作的情绪管理方法。总之，我用书香滋养学生底气，用书香凝聚班级细胞，用书香导行塑形，使整个班集体散发出迷人的书之馨香。

书香文化管理，看似细微绵软，却高远持久。它让我的班集体建设在"千班一面"的共性中实现了个性化发展，能够让我的个人创造在上接天线下接地气中鲜活而生动。书香班集体建设，推动了班级文化建设，并且逐渐让班集体建设从自发走向自觉。同时，书香班建设改变了我的生命状态和精神格局，我对班主任工作的理解从此脱胎换骨。

我的班集体建设之路

　　有德育专家说，现在教育的主要矛盾已经转变为学生日益增长的学习需求和我们"落后"的教育服务观念与方法之间的矛盾。曾经，我的班级建设总是那么四平八稳、方方正正。抓好卫生、纪律、出勤、仪容仪表、两操等五项竞赛；完成学校布置的各项活动；汲汲于少数几个尖子生能否给班级加分，专注于是否评上了先进班级。很多时候，我的班主任工作变成了"完成领导布置的任务"。对班级建设没有规划，对学生问题没有思考、诊断和总结，对学生的精神成长缺少关注。班级建设强调的永远都是硬性制度的约束，忽略学生自律意识的培养；积极关注外部的控制干预，忽略学生内心的真实诉求。班级建设的目的仅仅是管住而不是发展。因此，班集体建设看似秩序井然、荣誉满墙，制造出的却是一个"被成长"的班集体。

后来，我到中职任教。刚开始的一年，我被班级里的几个问题学生"折磨"得痛不欲生，也曾经怀揣辞职报告走进校长办公室。我在苦闷、彷徨、无助之中，苦苦寻找班主任工作的突围方法。我发现，面对学生成长中的问题，我总是习惯于站在班主任管理的立场，摒弃对学生问题行为背后的心理需求的思考，而专注于把对行为意义的诠释放在自己的经验、学识、判断和思维中。于是，在处理学生问题行为时，我看不见学生，我看见的只是表面的事件，急于实现的仅仅是表面上的解决问题。

对于班集体建设，我也陷入了片面依靠权威、情感、制度管理的误区。

我使用班主任手中的权杖，把班主任当得杀气腾腾。只要我的高跟鞋声在走廊响起，喧闹的教室立马变得安静。可是，学生还是"起义"了。既然管不住你，那我就"爱死你"。我自掏腰包，请那些后进学生喝奶茶、吃水果，甚至吃火锅。我这样做的目的只有一个：对学生进行道德绑架。我都对你这么好了，你还好意思违纪？其实，我是在以爱的名义对学生进行控制。再后来，我崇尚建立一套严格、细致、全面的制度。我想把"出格"关进制度的笼子，我想用"制度"去管住学生。我制订了大大小小、翔实具体的规章制度。可是，学生是成长中的人，他们不同于成年人,学生是在犯错体验中成长的。犹如手抓一把细沙,抓得越紧,沙子漏得越快。学校尤其是中职学校"法治"的结果往往就是逼迫那几个后进学生退学。

经历了班级管理的起起伏伏,反思中职班级建设之路,我终于体悟到:班级管理需要权威、情感和制度。但是,权威、情感、制度管理只是一种手段,而并非教育的目的。如果权威只是体现班主任师道尊严的利器,那么,这种权威其实就是可怕的专制主义。如果情感只是为了笼络人心,宣扬班主任爱的招牌,那么,爱就成了虚伪和欺骗。如果制度只是为了管住学生、控制学生,让学生学会听话和服从,那么教室和监狱、牢笼没有区别。

书犹药也，善读之可以医愚

阅历最伟大的地方不是取得什么现实成果，而是在成长的路上真切地发现自己。我花了三年的时间，对班级管理进行了认真梳理、系统思考：教学技术、理论分析、价值判断。一条崭新的班级管理之路在我大脑中日益清晰。那就是用书香浸润的文化来管理，我要建设一个书香班！

建设一个什么样的班集体，从来不是班主任一拍脑袋就决定的事情，它需要做好班情和学情分析。以电商177班为例，高一第一学期，学情调研结果呈现四个"愚"：思考之"愚"，审美之"愚"，个性品质之"愚"，以及情绪之"愚"。

第一，思考之"愚"。在信息化、网络化的今天，学生阅读方式碎片化，阅读内容粗浅化，阅读目的娱乐化。"三化"阅读下的学生，上知天文地理，下知鸡毛蒜皮。但是，我们认真思考，不难发现，学生的这些能力最多算小聪明，不能叫智慧。因为这些知识都是他们从网络、电视、手机上看来的，而不是他们自己思考的结果。他们只是知识信息传播的媒介。教育的价值在于训练思维，而不在于传授知识。事实上，长期的阅读，就是那种纸质图书的全书阅读，尤其是经典阅读，对人思维的深度、宽度、广度都有砥砺作用。这种"三化"阅读容易导致学生思考之"愚"——缺失专注力、思考力，变得日益肤浅和浮躁。阅读除了能帮助学生获取知识，提升知识的广度和深度外，还能使学生在和作者的对话交流中强化思考的方法，提升辩证思维的能力，从而加速智力进化的过程。

第二，审美之"愚"。审美是对现实生活和艺术作品中美的认识和理解。审美能力是学生综合能力的重要组成部分。现实生活中，很多学生不会审美，比如仪容仪表出格，比如对人类优秀的文化遗产缺乏感知、鉴赏的能力，等等。爱美之心人皆有之，学生爱美，想方设法展示美，这都很正常。可是学生展示的美，很多时候让我们惊愕。胡乱模仿带来东施效颦，追求时尚造成低俗愚昧。究其原因，最主要的是学生们的审美观出现了偏差。审美之"愚"还表现在对艺术、对遗迹缺少鉴赏力。比如，学生去罗马斗兽场参观时，他看到的只是一堆土坯墙，他感受到的只是破败和萧条，对那种悲壮、磅礴以及斯巴达克斯的英雄主义，没有一丁点体会。审美能力培养的基础之一是阅读。因为阅读是通过语言文字认识世界并获得审美体验的活动。因此,阅读体验越丰富,审美能力就越能提高。

第三,个性品质之"愚"。个性品质是人生的根基。部分学生三观消极、意志薄弱、耐挫力差,图安逸、轻责任,好享乐、缺担当。遭遇挫折时,脆弱得像玻璃,悲观失望,甚至自暴自弃。阅读是培养自我意识,塑造独立人格的主要途径。书中人物的是非善恶将对学生的价值观、人生观的构建产生一定的影响。阅读优秀人物的成长史,就能引发其对自身问题进行反思,激发其"见贤而思齐"的内驱力,从而健全心智,完善优化自己的个性品质。

第四,情绪之"愚"。学生情绪管理能力偏弱,常常行事冲动、偏执、自以为是等。情绪不是来自事物或行为本身,而是来自个体内心的体验和感受。事物无法改变,但信念和评价可以改变。通过阅读,感受他人情绪,认识自己的情绪,理性得到提升,心情恢复平静,情绪问题自然得以化解。更重要的是,阅读能帮助学生建立更为积极的思维模式,这是处理情绪问题的根本手段。

汉代文学家刘向说:"书犹药也,善读之可以医愚。"(《说苑》)书香班建设倡导文治,强调建设人的精神世界,而建设人的精神世界的最佳途径莫过于读书。

班主任的自身认同和完整

　　30 多年前,两位美国青年写了一本书《定位》。它想表达的主旨就是如何去挖掘自身优势,创造差异,并且形成自己独特的魅力。我国著名的品牌专家卢泰宏认为定位理论不仅是一种营销思想,而且是一种广义的成功之道。畅销书《紫牛》认为:要改变自己的弱项远不如发挥自己的长项来得容易。忽略短板,淋漓尽致地发挥长处,不成为众多的别人,而是成为有自己特色的紫色奶牛,就可以脱颖而出。无论是定位理论还是紫色奶牛理论,其实都是在说明发挥自己优势,确立在学生心目中的独特魅力,合理准确定位的重要意义。否则班主任的专业成长将因方向模糊而零散，既无优势也无特色，最终流于平庸。

帕尔默说："真正好的教学不能降低到技术层面，真正好的教学来自教师的自身认同和完整。"(《教学勇气：漫步教师心灵》)我想，这句话同样适用于班级管理。真正好的班级管理来自班主任的自身认同和完整。

我是个理想主义者。特级教师吴非曾言："不是理想主义者不要来当教师。"(《致青年教师》)青年学生本来就应充满理想和豪情，年轻人就应该有拔着自己的头发玩转地球的浪漫，那是年轻人特有的权利。如果一个班主任、一个老师处处现实，时时世故，常常精明，那么可以想象他带领的班级会是多么的按部就班，缺乏朝气。我虽然是一个在红尘里打滚的普通中年女子，但仍会常常仰望星空。行走在人生路上，我难免会向现实妥协，却从来没有扔掉过我的理想。

我心思单纯，为人处世简单。和学生在一起，我从来不会纠结于年龄差距和脸上的皱纹。和班里的学生在一起的时光全都很耀眼，"因为天气好，因为天气不好，因为天气刚刚好"。春天来了，我带领学生们漫步在北山街，徜徉在中国美院象山校区，沉浸在民国的风味里，沉浸在整山理水的建筑美景中。秋天来了，我和学生乘着摇橹船，慢慢悠悠感受西溪"秋芦飞雪"的胜景。冬天来了，我和学生们在操场上打雪仗。看到学生们活泼灵动的样子，感觉自己昔日重来，青春再现，我仿佛重新回到了 18 岁。那天早上，雪花飞舞，我班里的 8 个大男孩提早 30 分钟赶到学校，从食堂里把我"架"到操场上，"语重心长"地劝我和他们打雪仗。他们一边"嘲笑"我跑步慢,"嫌弃"我穿得笨重,一边不时提醒我小心点,不要摔倒,督促我用围巾裹住脖子和耳朵。被学生温柔对待的那一刻,我真还有点恍惚。学生们在雪地里飞快地奔跑,肆意地欢笑,追逐着扔雪球,对同学"狂轰滥炸",对我"穷追猛打"。雪花弄湿了学生们的头发,汗水浸透了学生们的衣服。冬季校服裹不住学生们的火热激情,这种激情早已把冰雪融化。我呢,也早已被学生感染,忘了年龄,忘了优雅,和学生们一起奔跑,一起尖叫,一起狂笑。回到教室前,邢英桓和沈涛还滚了一个大雪球,在给雪球梳妆打扮的时候,沈涛取下了自己的眼镜把它戴在雪人的鼻梁上,面对着我,学着我的口吻说:"咱书香班的娃。"

我起点低,学识贫乏。纵观我自身的成长,其中经历了一些波折,遭遇了困顿和迷茫。但是无论如何,我从来没有忘记过读书。读书对我的影响和改变,几乎没有体现在物质层面上。读书对我的最大改变是观念、眼界、思维。它们重构了我的自我身份。我不停地学习:向书本学习,向优秀的班主任学习;阅读一本本教育专著,聆听一场场讲座报告;撰写教育笔记,思考教育策略;厘清教育思路,对话教育现场。白天在教室耕耘,晚上在灯下忙碌。我知道,唯有如此,低学历不聪明的我才能把事故变成故事,把琐碎变成体贴,把繁忙变成关爱。

班主任是学生成长过程中的重要他人,言传身教、影响滋养其实就是教育的一部分。一个爱读书的班主任一定能带出爱读书的学生。教育就是师生生命的相互滋养、补充和灌溉,教育就是师生生命的彼此尊重、倾慕和成全。我的努力感染了学生。2017年高职考,电商146班,这个被高职班选拔考淘汰的"精英式人物"组成的班级,成了贫瘠土地上硬生生开出的异样的花。我和我们的任课老师一起练就十八般劝学本领:或是使点"宋江的恩惠",或是挤点"刘备的眼泪",或是多几句"唐僧的碎碎念"。最终,全班45人全部达到高职分数线。除此之外,考入浙江省重点高职院校"三经一商"的学生也有6人。学生兴奋,家长激动。在争取尊严的路上,我们承受,我们付出,我们成长。记得班里学生陈天阳得知自己的总分已经能够进入省重点高职的时候,兴奋地连续问了我好几遍"是不是真的,是不是真的"。陈天阳的爸爸参加高职志愿辅导家长会那天,紧紧握着我的手,泪光闪闪,几度哽咽:"陈老师谢谢你,我们全家谢谢你,我们一辈子不会忘记你的。"后来,我和学生们、家长们去尚城1157·利星狂欢。在会上,姜雍爸爸神情亢奋,拥抱着他的儿子,开心地说:"我们家里终于出了一个大学生,儿子,爸爸谢谢你,爸爸为你感到骄傲。"看到这一幕,作为班主任的我怎能不幸福?这种幸福早已超越了一切,无法用金钱去衡量。

洪应明在《菜根谭》中说:"鱼得水逝,而相忘乎水,鸟乘风飞,而不知有风。"从某种意义上说,教育其实就是一种心灵和精神的修行。在水对鱼的尊重、接纳、包容中,在风助鸟飞的陪伴、影响、鼓舞中,在春雨润物的博大丰盈、无声无息中,我引领孩子们一起完成心灵的滋养与精神的穿越,启迪他们追逐梦想,昂扬向上,并且永远向美、向善、向光。

那天,坐在开往北京的高铁上,我在电脑上敲下了这样的文字:教师的生命如果有颜色,会不会看上去就像梵高的《向日葵》和《星空》?教师的生命如果有态度,是不是听上去就是贝多芬的《田园》和《英雄》?

每个人都面临纷繁的选择，唯有对自己真诚，内心没有杂念和疑问，才能勇往直前。我愿意一辈子做班主任，真心、真诚、无畏，不问西东。

2012年，清华学子张果果站在玻璃窗前对自己叩问："如果提前了解了你所要面对的人生，你是否还会有勇气前来？"2020年情人节，班主任陈明梅在西子湖畔自家的蜗居里响亮回答："如果提前了解了我所要面对的人生，我一定还会有勇气前来当班主任。"

贰

书香班物质文化建设

书香教室的布置

苏霍姆林斯基曾经说过:"无论是种植花草树木,还是悬挂图片标语,或是利用墙报,我们都要从审美的高度深入规划,以便挖掘其潜移默化的育人功能,并最终连学校的墙壁也在说话。"(《给教师的建议》)我对这句话的解读包括四层意思:第一,"墙壁上要说话";第二,墙壁上"谁在说";第三,"说谁的话";第四,"怎么说话"。基于这样的思考,我认为,一间书香教室的布置,绝不是仅仅把教室地面打扫得干干净净,把教室墙壁贴得满满当当,把课桌椅摆得整整齐齐;抑或是种些花草,贴些标语,挂点书画。教室文化布置,更重要的是彰显学生的精神和行为。教室文化布置,需要顶层设计,需要统筹规划,需要审美品位。好的规划是蓝图,差的设计是草图。一间教室环境布置成怎么样,学生是主体,班主任是主导。教室的物理空间绝对不是班主任理想中的样板房,它应该是师生共同创造的精神家园。

这样想着,脑子里浮现出电商147班的书香教室来。在书香教室,我和学生们一起吟诵诗词,鉴赏电影,聆听音乐。每到10月,几番金风凉雨过后,秋阳复出之时,学校里那几株桂花树,满树的桂花盛大开放,香飘校园,沁透肺腑。何其幸运! 我们书香班的教室恰好就在两棵桂花树旁边。清晨,步入教室,打开窗户,桂花香扑鼻而来。闭会眼,深呼吸,然后晨诵、午读、暮省,别有一番诗意。那是我和书香班43个孩子一天中最美好的时光。岁月流转,高一、高二悄然而过。高三时,由于高职升学和就业实习调整分流,书香班搬到了5楼,书香班的学生已经不再是先前的那43个。可是教学楼2505教室里,无论是四周墙壁上那一抹书香蓝,墙角那满满书香的图书角,还是后墙的"德育园地",依然书香芬芳——《垫底辣妹》的影评、《当幸福来敲门》的剧照,以及小说《平凡的世界》的读后感。当学生沉浸在高职复习的钻研和思考中时,我总是忍不住悄悄注视这新书香班45个学生的脸庞,任思绪飘扬,任心灵放飞。我知道,书香班的有些东西永远不会消失。

现在,面对刚步入校园,对高中生活充满好奇、迷茫、期待的42张阳光笑脸,我该和这些新书香班的学生一起创造出一间怎么样的书香教室呢?

渲染"静心向学"的学习氛围

巧用色彩心理学

颜色在生活中有很多特别意义。不同的颜色代表不同的意义。我们都知道,人的视觉在一个人的情绪情感体验中占比很大。所以,教室的整体色彩基调会在一定程度上影响学生的学习。有经验的班主任深知,教室布置,整体颜色基调要符合学生的年龄特点、学段特点。高中学生的年龄特点决定了他们喜欢的颜色会是"个性、独立、自由"的,学段特点决定了其学习环境应突出"安静、沉稳"。这也正是"静心向学,踏实谦逊"的书香学子的风采。教室色彩的整体基调取决于教室的贴纸。教室墙壁的贴纸颜色,是教室的主打色。经过讨论,我们选择了书香教室的三种主打色:个性的灰色、安静的蓝色和希望的浅绿色。具体布置时,在主打色之外,用少许充满活力的红色点缀。根据高一、高二、高三不同的成长阶段,我们还集体商定了高一、高二、高三教室里颜色的基调:高一是绿色,我们美其名曰"活力青春绿";高二是紫色,我们冠名为"个性成长紫";高三是蓝色,我们也给它取了一个文艺的名字——"安静书香蓝"。

注重内容和形式的统一

教室里"说谁的话"和"怎么说话"实际上讲的是内容和形式的问题。内容和形式要和谐,要统一。

那些贴在墙上的内容,不是非要高大上的名言警句,它离学生的生活实际过于遥远,所以,学生并不喜欢。学生喜欢的往往是简约的、正能量的、接地气的;是捕捉到了他们内心兴趣点、兴奋点,触到了心中最柔软的地方的。所以,教室里说什么话,首要的是说激励的话,鼓舞人的话,符合教育规律的话,学生爱听、爱看、爱说的话。淡化学习成绩的排序,强化读书、日常行为规范养成、团队合作等。说话形式方面,可以是活动图片、优秀作文、海报设计、专业优秀毕业生人物介绍,还可以是学生或班级的荣誉和奖章。教室不仅是一个物理空间,更是师生生命相互滋养的精神场域。在这个场域里,有积极的情绪体验,有良好的人际互动,还有特长的展示。学生只有被尊重、被鼓励、被支持,他们才有安全感和幸福感。

又如,图书角的"形式"和具体图书这个"内容"要达到和谐统一。书香班的图书角没有刻意地制造别致的"形式",它朴素而简单,就是一个能容纳 268 本书的木质书架。书架是学生从淘宝上购买,自己组装完成的。图书选择遵循教育性、益智性、适宜性和趣味性原则,有人物传记、经典小说、优美散文、历史故事等。这些书符合中职生年龄实际、认知水平和阅读的实际情况,贴近他们的最近发展区。我们觉得,只要能摆放书籍,哪怕是简单的书架,都是好的形式。简单的书架加适合的图书,也是一种形式和内容的和谐统一。

适度留白

写作艺术上有个词语叫"留白",留白本身就是艺术。我认为教室空间也要适度留白。书香教室不大,约 40 平方米,方方正正。教室里，摆放 42 个座位、1 个书架。42 名学生的心理安全空间基本能够保证。如果在这个空间里再增加些东西，就太满了。太满不利于静心向学。

留白，还有一层意思是说，教室布置应当适当有度。过度的包装喧宾夺主，让人眼花缭乱，使人容易分神；过度的喧闹会搅得人时常烦躁，让人心潮起伏，静不下心来思考和学习。

书香教室的空间布局遵循"简单和谐"的原则，整个教室墙壁划分设计成 5 大区域：团角、公告栏（学校统一要求）、德育墙、展示台、标语墙。团角在教室后墙黑板报右侧墙壁，一般情况下，张贴团委统一主题下的团员的活动照片等。公告栏在教室前黑板右侧，张贴作息时间、课程安排、值日安排、学校通知等。德育墙在教室后墙黑板报左侧，贴量化和不可量化班规，读书情况检查表。展示台在教室后门左侧的空墙一隅，贴学生作品、荣誉或者活动照片。标语墙是教室电风扇下的白墙壁，贴班里书法家俞骏阳同学的隶书、小篆毛笔字。

整间教室的墙壁，和谐温馨，满而不溢。我想，这就是书香教室最美的样子。

体现成长的足迹

目标引领，体现成长

教室里的成长，归根到底是一群人的成长。所以，在教室的墙壁上贴上班级的成长目标，时时激励引导学生朝着目标野蛮成长。人的成长目标应该是有梯度、渐进、系统的。书香班的成长目标遵循由低到高、由浅入深的原理，按发现自我——成长自我——实现自我的梯度设计。根据班级实际，高一年级，主题是发现自我。需要帮助学生解决确立目标、寻找方向和树立自信问题，重点培养学生养成良好的行为学习习惯，树立自信，学会职业生涯规划。高二年级，主题是成长自我。在踏实、自信的基础上，努力取得成绩，树立自我价值感、效能感。在困难和挫折面前学会耐心，学会坚持。高三年级，主题是实现自我。遵循"火大无湿柴"的规律，狠抓班集体优良学风建设。在班级精神的感召熏陶下，帮助学生圆梦高职考，实现自我。把成长目标贴在墙上，既是一种引领，也是一种心灵和行为的强化。

表 2-1　书香班学生成长目标

年级段	主题	重点	日常五项	具体表现
高一	方向、目标（发现自我）	职业生涯规划、自信	习惯养成	21天习惯养成大比拼、"职业生涯我做主"演讲比赛
高二	成长、成就（成长自我）	效能、意义	恒心坚持	感动人物评比、技能特长展示、荣誉证书展览
高三	圆梦（实现自我）	高职考	学风建设	心愿瓶、百日誓师

适时更新，及时调整

墙壁上的激励，不能一劳永逸。所以，及时更新很重要。及时更新的目的是把激励的面铺得更广，把被表扬的学生的名字贴得更多。更新频率一般以2周更新一次为宜。这里特别要提醒的是，为了便于更新和调整，班主任要注意粘贴的材料以及粘贴的方式，要以便于调换，不影响墙壁美观为准则。

合理布局，巧借空间

书香班的教室空间原本就不宽裕，所以，在精心设计、合理布局、适度留白之外，还要"螺蛳壳里做道场"，极力做到小巧而精致。另外，巧借学校公共空间，也不失为一个布局的好办法。设计出书香班班徽之后，经过全班讨论，大家决定把由42张笑脸构成的班徽喷绘打印，挂在教室走廊一侧靠近教室门的外墙上。这既是一种美化，又是一种班集体精神风貌的展示。小小的细节，发挥了大大的宣传效果。理论上说，走廊是全校师生都有概率路过的地方。在全校同学、老师面前展示自己最美的笑脸，那是一种荣耀。事实证明，向日葵笑脸班徽成了书香班的一道靓丽风景线。

学生是教室的读者，更是作者

全员参与，民主讨论

在平时，我们经常会看到有些教室布置得很漂亮。可是细究起来，我们不难发现，那些只是广告公司的捉刀代笔，是用电脑复制、粘贴的"艺术品"。教室的每一面墙都在说话，关键是看谁在说话，说什么样的话。这些话是基于学生的立场，还是班主任管理的视角？是班主任一拍脑袋，灵光乍现，还是班级大会上经过了全体学生的讨论和商议？教室里说的话，一定要是学生集思广益的结果，是学生最大公约数的提炼。唯有这样说话，这样说出来的话，学生才爱听。

按照学校惯例，学期初的两周，学校要举行班级文化设计比赛。我在开学第一周的周三，利用自习课时间召开了班级大会，主题是讨论教室文化布置。班会之所以提前，主要是基于三方面的考虑。第一，淘宝上下单的装修材料，快递运送需要几天时间，下单越早，快递到达就越早；第二，周三商议，周四决议，周五放学时间比平时早，学生可以在放学路上购买一些必要的材料。实在买不到时，还有双休日两天时间调剂。这样做，最大的好处是可以不着急，慢慢挑，能挑到价廉物美的材料。同时，杜绝上学时间外出，保证了学校正常的教学秩序。第三，基本方案越早确定，班干部们再琢磨、再思考的时间就越多。有时候，时间越紧，灵感越少。没有灵感，创造力就无处追寻。

班级大会第一项，我抛出了三个讨论题：

①关于教室的地面、讲台的布置、电视角的布置、饮水机的卫生保

洁等,你有什么建议?

②你希望教室里贴一些什么内容?

③你希望教室给你的整体感受是什么?请用两三个词语概括。

我之所以问这三个问题,其实是有我的观察和思考的。主要有两点:第一,教室地面较脏,口香糖等污渍很多;讲台上的电脑柜破烂不堪;电视下杂物太多,基本是被遗忘的卫生死角;饮水机的卫生保洁得不到保证;墙壁上,透明胶、双面胶痕迹多,奖状、标语留下的历史遗迹清晰可见。第二,从地面、讲台、墙壁再到整体感受,这是一种由局部到整体的系统思考。教育无小事,这样的引领和暗示需要班主任“小题大做”。

学生们的意见建议很快收集上来了。我一边组织班干部整理,一边组织班干部在黑板上记录。学生对教室整体感受的词语,相对集中的有温馨(42 票)、和谐(36 票)、整洁(23 票)、美观漂亮(40票),另外,还有一些其他的感受,如个性、干净、明亮等。对卫生死角的处理意见也出来了:电视机前挂一幅淡雅山水图;挂一块小清新布;讲台上用一块木板或者玻璃盖住电脑柜;设立专门保洁员管理饮水机,配备专用抹布,不时清理。墙壁上贴的内容主要有:读书情况记载表、日常行为规范评分表、电商卓越人物的名言警句(可以让班里俞骏阳用隶书、小篆书写)、电商人物事迹介绍、优秀作文、经典电影赏析、班干部介绍、团员照片、获奖证书、荣誉证书等。后来,墙壁上又贴上了班级成长目标表格,这是在第二周主题班会课上,经我解读,学生讨论后确定的。

虽然让全班学生参与教室的设计和布置费时费力,但是,这样做,能让"不做旁观者,成为建设者"的德育理念真正落地。学生也在参与和体验中增强了主人翁意识,以及对班级文化的认同感。

人人有事,不养闲人

相比普高学生,书香班学生没有过多的学习压力,"闲"的时间不少。在始业教育期间,我就发现学生们学习主动性欠缺,自律能力、责任心丧失,习得性无助成为常态,学习生活自我管理能力弱。

如果长期让学生们"被管理",那么他们精神上就会长久游离于班集体之外,学生就会自立门户,热衷于小团体建设。打架斗殴、聚众闹事之风就会滋生蔓延,班级管理将走向失控。班级管理是一个体系,建设一个运作良好的体系,其实也可以从班级物质文化做起,关键词就是不养闲人。班级大会议程第二项,按人头分配任务,分配的思路是项目负责人制度。考虑到这是第一次班集体活动,也考虑到项目组的自身特点,事先,班级公选了四位项目负责人。全班同学根据自身兴趣爱好、优点特长到项目组组长处报名。经过热烈讨论,报名选拔,各项目组成员招标完成。具体岗位设置如表 2-2 所示。

班级文化布置没有闲人,每个同学都动了起来,都在各司其职。主人翁精神得到彰显,责任心得到了强化。

表 2-2　电商 147 班级文化布置岗位一览表

组名	具体工作分配
清洁组 （26 人）	桌椅擦拭 8 人（分 4 小组，每组 2 人）、地面打扫 2 人、拖地 2 人、墙壁清洁整理 4 人、饮水机清洁 1 人、讲台清洁 1 人、瓷砖清洁 1 人、垃圾清理 2 人、口香糖污渍顽渍处理 1 人、电视机下方整理 1 人、教室门清洁 1 人、窗台（限于走廊窗台和教室内窗台）1 人、图书角整理 1 人
设计组 （包括张贴） （7 人）	设计 4 人（教室墙壁贴纸颜色、布局、字体设计以及打印）、张贴 2 人、安全协助 1 人
采购组 （2 人）	采购黑板报书写、绘图使用的材料，壁纸，向日葵装饰图，强力挂钩，3 卷双面胶带（其余需要的彩纸、剪刀、双面胶等由学校下发）
黑板报 （4 人）	黑板报全部事宜
标语撰写 （1 人）	使用隶书，1 人（俞骏阳）
统筹协调、 检查记录 （1 人）	班长负责统筹协调、检查记录

展示自我，激励创造

　　让书香班的学生在充满肯定、尊重、鼓励的环境中成长，这是书香教室物质文化布置的目标之一。所以，在有限的空间里，书香班文化布置为学生创设了"无限"的展示空间。读到好作文了，展示出来，全班共读；技能节获奖了，奖状张贴出来，全班分享；双休日出门游玩时拍摄照片,风景绝佳被惊艳到了,悬挂出来,一起赞叹。于是,教室里总是会爆发出赞美的掌声,鼓励的喝彩声,充满自豪感、愉悦感的欢呼声。这样的声音,声声入耳。

书香教室整体"生命绿"布置完成之后,学生们和我不时会遇见美。某天,讲台上突然多了几枝水培吊兰,顿时教室生机盎然起来;某天下午,我又发现讲台上多了一个设计精巧的粉笔盒,瞬间,觉得黑板上的粉笔字散发着温暖;更令人欣喜的是,图书管理员在图书角的书架的四个角上设计了四朵蝴蝶花,书香氤氲中,蝴蝶仿佛在自由翻飞。学生们创造了书香教室的美。细节总是最能征服人。虽然这些同学的创造没有加分,可能只会得到同学一句赞叹,或是我的一个微笑,但是,谁又能说这不是一种激励呢?

最后我想说,班级物质文化建设搞得再轰轰烈烈,也不能说明教室里有文化。比物质建设更重要的是班级精神文化的彰显。班级是一个文化场,是"一个人走,走得快,一群人走,走得远"的团队观,是"青春多彩,书香最美"班级精神的自信表达。比物质建设更重要的是学生们的行为文化。它体现在尊重平等、文明礼仪的言行中,体现在"晨诵、午读、暮省"的读书氛围里,体现在书香小组自治、志愿者公益活动、班本课程实践等活动中。

环境影响成长,文化滋养精神,把物质文化建设内化于心,外化于行,使班级真正成为学生发展的根据地、学生成长的精神家园,"以文化人,使之文化"是班级物质建设的最终目的。

仪容仪表的管理

　　说到仪容仪表,班主任有很多的无奈。一方面是学校层面的点名、扣分、谈话、评比等,另一方面是学生们的各种叛逆:和班主任玩躲猫猫游戏,和德育处唱对台戏。他们偷偷地化妆,悄悄地戴假睫毛,暗暗地涂抹口红,甚至标新立异地理个潮发,校裤改成小脚裤,戴上美瞳,打了耳洞。班主任批评教育时,学生语言谦逊,行动依然坚决:头发装模作样去修了又修,剪了又剪,可是总离规矩差那么一点点。两头受气的班主任,常常被这些学生搅得心神不宁。

和以上班主任一样，有那么一个学期，我被学生仪表搅得心神不宁。后来，我静下心来，认真反思。反思从"为什么"开始。归纳起来，主要有以下几个方面的原因：

首先，现代社会的多元化，让学生在诱惑、好奇、"个性"中沉沦。

其次，多彩的游戏，夺人眼球的商业广告，娱乐明星的夸张衣饰，以及网络媒体的思想浸染，让学生在"开阔眼界"的同时，抵不住诱惑。

再次，十六七岁的年龄，生理发育成熟，认知能力提高，喜欢张扬个性，却不知道什么是真正的个性，想标榜自我，却不明白自我在哪里。学生之所以屡屡逾越规则制度之底线，不外乎想让自己与众不同，证明自己有个性。这一点恰恰就是青春期自我同一性（所谓自我同一性，是指个体尝试把与自己有关的各方面综合起来，形成一个自己决定的、协调一致的、不同于他人的自我）的行为表达。

最后，家庭教育问题也是仪容仪表问题的重要成因。问题学生的背后一定是问题家庭。家长或溺爱，或放纵，或缺位，或无力，等等，都是问题的成因。

有人说，班主任应该像把剪刀，剪去学生思想上的斜枝岔条。也有人说，班主任就应该像根绳子，既是扶手，又不能捆绑住学生的手脚。仪容仪表问题和所有的德育管理问题一样，不能东一榔头西一棒子地零碎敲打，而是需要借助一种德育形式和手段，朝着一个目标持续发力。书香班仪容仪表教育持续发力的方式是，开设三堂仪容仪表教育的系列主题班会。针对这三堂班会课，我都进行了顶层设计，系统化思考，清晰标准、三维渗透、精神滋养、层层递进。在时间安排上，尽可能前置。趁学生刚入高中,主观上有重新开始、努力上进的意愿时,抓住时机,强化引导,不断引领学生健康成长。

清晰标准,合理规则

仪容仪表管理的重要前提是让学生清楚哪些该做,哪些不该做,让每个学生明确标准。同时,班主任也要本着民主开放的态度,认真听取学生的意见,做到"知己知彼"。之后,针对学生意见,展开师生对话,在真诚沟通中达成共识。

探究原因

书香班的仪容仪表制度完全承袭了学校的制度。校纪校规内容清晰而具体。我用两张 PPT,对学校仪容仪表管理的规章制度,进行了详细解读,并让全班同学就仪容仪表的具体内容进行讨论。

经过小组交流,学生很快就学校的仪容仪表规定存在的问题提出了自己的意见。不喜欢的原因主要有以下几方面:第一,校服过于肥大,无法体现学生的仪态之美。第二,校服千篇一律,难以张扬个性。第三,校服质量很差,校牌是别针形式的,佩戴时会损坏衣服。第四,学校界定男生头发长度的标准过于苛刻。

展开对话

面对学生的不满,我没有管、控、压,而是允许学生充分表达,尽力为其提供宣泄的平台。我想,只有通过对话,通过思辨,才能以理服人。经过唇枪舌剑,我"战胜"了学生。

问题一:校服肥大,不能体现学生的仪态之美。

答:穿校服是一种制度。校服肥大是为了便于运动。学生的仪态之美更多体现在知书达理、明礼诚信、勤奋好学、积极向上等精神风貌上。皮囊是拿来用的。努力让灵魂有趣,是我们的仪态最终目标。当然过于肥大,征得班主任同意,可以酌情修改。

问题二:千篇一律的校服,难以张扬个性。

答:个性亦称"人格",指个人的精神面貌或心理面貌。外表特色着装不叫个性。

问题三:校服质量很差,校牌是别针形式的,佩戴时会损坏衣服。

答:这个意见提得不错。提交学校,建议提高校服质量。至于校牌刺破衣服问题,完全不用担心。校服的布料是可以让别针穿刺的,不会导致校服破损。

问题四:头发长一点其实关系不大,学校过于严格,根本不相信学生,小题大做。

答:勿以善小而不为,勿以恶小而为之。这是老祖宗的训诲。而且量变会引起质变,这是科学真理。小题需要大做。

制 订 规 则

面对学生问题,教育层面常见的情况是德育扣分、批评教育、办公室思政教育,反正就是"动之以情,晓之以理"。这些当然也是教育的一部分。可是我们认真思考后,不难发现,在影响问题行为的诸多因素中,制度不明、奖罚不严是一个重要原因。接着以上的讨论和对话,书香班制订了详细的规章制度。具体如表 2-3 所示:

表 2-3 电商 147 班仪容仪表管理条例

男生头发(烫、染、怪、长) 女生头发(烫、染、怪、披肩)	告知家长,放学后回家整改。合格后方可进教室学习。写说明书,并扣除品德分 10 分。烫、染、怪取消各类评先资格。
指甲长 染指甲	立即整改。写说明书,并扣除品德分。接受班主任批评教育。
校服(不穿或修改)	一次不穿,扣除品德分,班主任批评教育;两次不穿,扣除品德分并告知家长。 修改校服校裤:没收该校服,通知家长,取消评先资格。扣除品德分 10 分。
佩戴饰品、背单肩包	立即整改。班主任批评教育,扣除品德分 5 分,并写说明书。
打耳洞、插耳棒、戴耳钉	立即整改。接受班主任批评教育,扣除品德分,取消评先资格。
画眉毛、涂口红、戴美瞳	立即整改。接受班主任批评教育,扣除品德分,取消评先资格。
文身	通知家长。回家整改,并和家长、医生一起商议列出整改计划,上报学校德育处,给予纪律处分。

遇到问题，学生经常会用"我不知道"或"我以为"来狡辩。班主任老师用这种打开窗户式的公开对话，让学生在仪容仪表问题面前没有狡辩的机会。并且这种以民主方式达成的思想共识和行为契约，最终会大大降低学生的违纪率。良好的开端是成功的一半。这次主题班会的成功，为下面两堂主题班会的成功埋下了伏笔。

横向铺陈，三维渗透

好的行为不是"管"出来的，而是"理"出来的。仪容仪表问题也是。南开中学的 40 字镜箴，一直为人们所津津乐道：

面必净，发必理，衣必整，纽必结。
头容正，肩容平，胸容宽，背容直。
气象：勿傲、勿暴、勿怠。
颜色：宜和、宜静、宜庄。

镜箴刻在一面镜子上，要求学生每天照一照、看一看，以便无时无刻、随时随地注意自己的仪容仪表。因此，南开中学学生身着校服，一身朝气，可亲可爱。据说，哈佛大学校长来南开中学参观考察时，对此也赞叹不已。书香班仪容仪表审美教育，就从镜箴开始。

美是干净整洁

学生对南开中学镜箴的理解，如我所料，几乎可以用百分之百准确来形容。整洁、干净、得体是学生们提炼最多的关键词。学生们很快讨论出书香学生的"干净、整洁、得体"的具体内容：头发不油腻，身体无异味；校服干净，没有污迹和褶皱，指甲缝中没有污垢；没有蛀牙，口气清新；鞋子方便行走和运动，穿袜子。语言文明，经常阅读，视野开阔。欣喜的是，在我的启发下，学生也写了书香班的"镜箴"：

脸必净，发必理，衣无褶，袜必穿。

头摆正，肩放平，胸容宽，背挺直。

气象：戒骄、戒躁、戒满。

颜色：宜静、宜正、宜诚。

显然，我的正面引导成效初显。此时，趁热打铁往往更能巩固成效。我决定引导学生对问题行为背后的心理成因进行深度挖掘。首先，我用PPT的形式出示了三张中学生着奇装异服行走在校园中的图片，请学生就此开展"为什么"的讨论。学生的讨论有一定的深度。

有学生说，有些同学之所以想标新立异，无非是想让自己与众不同。其实，娱乐明星和"非主流"人物的奇装异服是一种包装和生存的需要。吸人眼球，引媒体关注，哗众取宠，提高点击率，赚取粉丝的人民币。我们如果盲目效仿,不但没个性,而且会显得庸俗。

还有学生说,美要符合身份和场合。学校是学习的地方,学生的任务是学习和求知,在学校里,最美的仪容仪表就是利落的寸头或马尾、简单的校服、阳光的笑脸。本末倒置地、执着地去追求时尚,只能是一种假时尚,甚至是一种颓废的表现。

也有学生说,人人都爱美,在合适的年龄、适当的场合,追求时尚无可厚非,但是盲目追求,并以此为乐,以此为光荣,就会迷失自我。一旦迷失了自我,就会沦为时尚的奴隶。

就这样,我用举例子、会模仿、析成因这种步步递进的方式,带领学生在讨论和思辨中,厘清了仪容仪表的首要因素,从而让学生从认知上感悟到,塑造一种自然的美、青春的美是每一个中学生的追求。

美是气质和内涵

美不仅仅是干净、整洁和得体。那只是一种外在表现。一个人的美,更重要的在于内涵和气质。我想,学生既然可以模仿明星的另类装扮,那么也可以模仿一般意义上美的人物。通过模仿,入他们的脑和心,继而矫正自己的不当仪表。班会第二环节:我以"腹有诗书气自华"为中心,选择了一幅油画、两张照片作为 PPT 的主题内容。

第一张 PPT 是爱德华·霍普创作于 1938 年的油画《293 次列车,C 厢》:晚霞时分,一位淑女头戴纯色的宽檐帽,身穿连衣裙,端坐在行驶的列车里,优雅地读着书。她享受着一个人的孤独,完全沉浸在阅读的世界,和书一起去旅行。

"在美术中,除了风景,最美的就是我们人类中的女性之美。关于女性的美,有三种表现形式,一个是哺乳着的少妇,一个是恋爱中的少女,还有读书的女性。西方美术史上有若干世界名画,都是各阶层的女性在读书,你会发现当女人和书在一起的时候,就是美上加美。"我讲解道。

第二张 PPT 是《红楼梦》中宝黛相会的场景。我和学生一起朗读"态生两靥之愁,娇袭一身之病。泪光点点,娇喘微微。娴静时如姣花照水,行动处似弱柳扶风。心较比干多一窍,病如西子胜三分"。接着我让学生讨论林黛玉之美。有的说,林黛玉不食人间烟火,她身上有一股仙气;有的说,大观园里林黛玉的诗词是写得最好的,她的文学才情铸就了她的美;有的说,王熙凤第一次见到林黛玉就赞叹不已,"天下真有这样标志的人物"。最后,我小结陈词:林黛玉的到来,让贾宝玉惊呼"天上掉下个林妹妹",她那一身娴静与柔美的书香气质,倾倒了众人。贾宝玉之所以钟情于林黛玉,最重要的一点是被林黛玉的超凡脱俗的书卷气,以及长期阅读熏陶出的灵气和高贵折服。

第三张 PPT 是林徽因在西南联大着旗袍的一张照片。"哇,林徽因穿旗袍好美。"学生一阵惊叹。我说:"只有读书的女人才能穿出旗袍的美丽韵味。出身名门的林徽因自幼饱读诗书,是书籍的滋养使她在美貌之上多了一份才情,绝代风华这四个字其实包含了读书的厚重。"有意思的是,在欣赏林徽因之美时,还生成了林徽因之美的一个插曲。有个女生讲述了林徽因和三个男人的绯闻。学生在一阵爆笑之后,对民国时期最优秀的三位男人倾心于林徽因这件事,陷入了沉思。

为了不让教育停留在感动、感叹等浅层面，引导学生透过现象看本质，我又因势利导，联系生活实际，就"美是什么"这一问题，让学生展开交流和讨论。

有学生说，爱美之心，人皆有之。随着化妆技巧和美容技术的完善，街头的美女也越来越多，随处都能碰到瓜子脸、长腿、细腰、走路风风火火的美女。但有的虽能让人感到眼前一亮，但又会觉得缺少一份"腹有诗书气自华"的优雅和神韵。其实，那些真正有实力的明星一定是有内涵和气质的。有学生说，且不说学生在学校里化妆等行为违反了校纪校规，单从审美来说，撇开身份、年龄、气质、特点的胡乱模仿反而得不偿失。朱熹就说过，"学乃能变化气质耳"（《朱子语类》）。我们看一个人美不美，其实主要看的是气质和内涵。就像我们边班长，诗歌朗诵一等奖、写作比赛二等奖、商品设计优胜奖，我们班值周管理几乎是边班长亲力亲为的，我们的值周受到学校的表扬。你能说我们边班长不美吗？

接着两位女生的发言，班里男生何鸿飞站起来说："其实我们男生靠气质内涵说话的也非常多。比如其貌不扬的话剧人黄渤，比如满脸疙瘩的文艺老男人高晓松，等等，我觉得他们也很帅。"何鸿飞话音刚落，教室里就爆发出一阵笑声和掌声。

这堂主题班会课，沿袭了上一节主题班会课的风格，摒弃说教，一改通常意义上的训诫、灌输，而是变得温柔、文艺甚至有些浪漫。学生喜欢这样的思想教育。

美是精神气象

美是由内而外的。外观干净整洁、内在气质内涵之后,最终落脚点是人的精神提炼。为了把精神风貌情景化、物质化,我让全班同学以"时间＋地点＋做什么＋你是美的"为格式,写一句话。学生的描述精彩纷呈,选摘如下:

①夕阳晚照,你坐在校园石凳上,捧着书本沉醉其中。你是美的。

②课间操归来,你弯下腰随手拾起走廊上的一张纸巾,继而把它扔进垃圾箱。你是美的。

③上午第四节自修课,教室里很安静。你笔端沙沙作响,时而掩卷沉思,时而莞尔一笑。你是美的。

④清晨升国旗仪式,偌大的操场上,你庄严肃穆,高唱国歌。你是美的。

⑤礼仪课时,在形体教室,前面的同学不小心踩了你一脚,你忍住疼痛,抖了抖脚,轻声说了句:没关系。你是美的。

⑥午餐时,学校食堂,你拒绝小伙伴"排到我前面来"的主动邀约,兀自自觉排队。你是美的。

仪容仪表教育,某种意义上来说,就是审美观的教育:什么是美,美从哪里来,怎么追求美。解决仪容仪表问题,如果从干净、气质、精神三个维度切入,运用横向铺陈,即美是干净整洁,美是气质内涵,美是精神风貌,这样一种"排比"式的方法,系统化地朝一个方向发力,常常会让教育深入人心。

接纳自己，滋养审美

　　青春期的学生拥有极强的求美心理。据调查，青少年对外表所产生的烦恼，其心理障碍大都是在脑子里存在着一种"幻想式的丑陋"：约有 90％的人对于自己的外表有所不满。再加上铺天盖地的整容、整形等宣传，个别学生也加入了整容整形的队伍。在不损害身体的前提下，在经济能力许可范围内，去正规医院割个双眼皮，进行消除痘印、祛除青春痘的小手术，等等，增加点美感和自信，本无可厚非。只是大多数学生心理上还没有成熟，还不能拥有足够强大的面对未知风险的心理承受力，所以，对于学生的整容问题，班主任一定要加强引导。

　　主题班会尾声部分的主要内容，就是学生普遍关注的整容的话题。首先我出示了一个案例。高二学生小美，身高 165 厘米，体重 105 斤。有一次，小美听到男生评价自己"长得太胖"的议论后，就在心里发誓，一定要让自己瘦成一道闪电。于是小美的减肥行动开始了。刚开始，她拒绝吃肉和米饭，每天只吃一个苹果、一杯牛奶、一点蔬菜和几片高粱面包。可是，那天做广播操时，小美突然晕倒，被紧急送进了校医务室。后来，小美又偷偷地去一家私立整形医院买了减肥药，遵照医嘱吃了三个月，还是没有减下来。小美在网上了解到，抽脂减肥疗效显著，于是，计划暑假期间，让爸爸妈妈带自己去医院做抽脂减肥手术。可是，这遭到父母的强烈反对，好朋友也不支持她。小美陷入矛盾和痛苦，不知道该怎么办。

　　我按照思维的逻辑顺序——认识自己、接纳自己、滋养审美设计了三个思考题,让学生展开讨论。小美需要减肥吗? 她减肥的方法你支持吗? 我们应该怎样对待自己身体的不完美?

认识自己

思考题一:你认为小美要减肥吗?

①按照女性标准体重公式[(身高厘米数－70)×60％＝标准体重(千克)],小美的体重远远没有达到肥胖标准。所以,小美没必要减肥。我觉得,小美对肥胖的认识标准有问题。

②小美之所以要减肥,最主要是因为男生的一句评价。我觉得,女为悦己者容,那个男生既然嫌你胖,那么你也没必要为他"容"。

③我妈妈说,青春女生稍稍胖点更美,更何况小美体重还是偏轻的。

④一个人的美重在内涵,才华气质万古流,青春美貌会俱灭。

⑤小美之所以因为别人的一句可能是玩笑的话,就想去改变自己,说明她是个不自信的学生。所以,我认为,小美不是要减肥,而是要增自己独立思考的肥。

接纳自己

思考题二:减肥的方法,你支持吗?

①不支持。节食减肥对还在发育成长中的身体伤害很大。以后都要用疾病来还的。

②减肥要讲科学。平时注意少吃一点,少吃零食,晚饭吃七分饱,

这些都是可行的。小美可以试试。

③小美可以用运动的方式去减肥。比如像陈老师一样,走路上学。还可以积极参加体育活动等。生命在于运动。

④小美根本不需要减肥,所以,有想减肥的念头,就是错。

⑤自然美才是真的美。所以,自然减肥才是真减肥。重要的是减肥的过程,是你的努力,至于最后的结果,并不重要。

滋养审美

思考题三:我们该如何对待自己的不完美?

①如果觉得自己不完美,就认真读书。记得三毛曾经说过这样一段话:读书多了,容颜自然改变,许多时候,自己可能以为许多看过的书籍都成为过眼烟云,不复记忆,其实它们仍是潜在的,在气质里,在谈吐上,在胸襟的无涯中,当然也可能显露在生活和文字中。阅读是使阅读者经历一番文化濡化的过程,它可以不知不觉地改变人的气质。

②陈老师说过,读书指的是广义的读书。看画展、看电影、听音乐等都是读书。杭州有丰富的画展资源,如浙江美术馆的展览,还有中国美院的毕业生美术作品展,等等。每次展出的作品,艺术水平很高,并且基本上都能免费欣赏到。听音乐也是一种美的熏陶。浙江交响乐团、杭州爱乐乐团的演出,票价都很亲民,逢年过节时,还有很多赠票。走近高雅艺术,人也跟着高雅。刚开始可能不习惯,时间久了,也就听得懂了;听得懂了,就会喜欢上;喜欢上了,人也越来越美啦。

③"生下来你是什么样,是上帝给你的礼物;你将来成为什么样的

人,这是你给上帝的礼物。"

④这个世界上没有完美的人,维纳斯的美是因为她的不完美,蒙娜丽莎的美是因为她的微笑而不是五官。

⑤人的气质内涵是"整"不出来的。如果"腹内草莽人轻浮",整容了,依然还是"空有一副好皮囊"。

关于整容问题,我没有向学生强制灌输我的观点,而是依然让学生在思辨中厘清观点。事实证明,学生对整容问题的思考还是比较深刻的。至此,书香班的整容行为发生率为零。

当然,有时候班里可能会出现那么一两个学生,对美的追求近乎疯狂。这时候,就需要班主任进行心理干预了。比如,学生小晴,一会儿嫌自己鼻子不够挺,一会儿嫌自己眼睛不够大,一会儿嫌自己皮肤不够白,自怨自艾,整个人意志消沉,行为懒散。这时候,班主任要从心理层面给予帮助和辅导,切不可简单地以德育的方式去替代。如果班主任没有相关的心理学知识背景,一定要学会及时转介。这是心理层面的专业辅导,这里就不展开说明了。

最后,我还想补充两点。首先,德育的绩效在操场。通过开展丰富多彩的活动,帮助学生释放多余的青春荷尔蒙,让其在汗水的流淌中释放青春的激情;让其在团队比赛中,修正自以为是的轻薄和高傲;让其在贸易节商品买卖中,深度体验诚信戒欺的杭商精神。人的注意力在哪儿,人就在哪儿。我想,当学生把注意力放在市场营销策划比赛中,放在双十一的商品买卖中,放在技能节的技能比拼中时,仪容仪表问题自然就不成为班级管理的难题了。

其次，问题学生的背后一定是问题家庭。所以，班主任要努力提升家庭教育的指导能力，做到勤沟通、会家访、能交流。仪容仪表问题是学生表现叛逆的一种方式。班主任要通过家庭教育指导，让家长明确认识到，建设一个民主、关爱的家庭环境是解决孩子行为问题的源点。此外，班主任还要讲究家校联合的策略，比如，电话交流的内容有时可以是报喜不报忧；比如，对家长的细微努力，做适度的夸大性表扬和鼓励；等等。

总之，随着时代的发展，当代中职生仪容仪表观正逐渐远离传统。他们个性张扬，蔑视保守，追求个性，崇尚自由。这些，都给班主任班级管理带来了挑战。但挑战也往往蕴含着机遇，希望通过对学生的仪表仪容问题的探讨，我们班主任能正确认识问题的成因，努力探寻解决问题的方法，最终使我们的学生健康成长。

班主任形象建设

　　从一定意义上讲，班主任的价值取向、相应的情感品质以及人格的意志力量等都深刻影响着学生的成长。正因为如此，很多人认为，有什么样的班主任就有什么样的学生。班主任本身就是班级文化的一部分，是班级精神文化的重要养料。因此，班级文化建设不能不绕开班主任形象建设的话题。

　　形象有内在和外在之分。班主任的外在形象就是指仪容仪表、言语行为等肉眼看得见的事物。内在形象主要指班主任的人格形象，主要指爱心、教育理念以及专业能力。

首因效应，让学生信任

心理学上的首因效应是指交往双方形成的第一次印象对今后交往关系的影响，也即"先入为主"带来的效果。第一印象总是让人记忆犹新，并且会影响双方交往的进程。如果班主任和学生的初次见面给学生留下美好的印象，那么，学生就会喜欢他，进而信赖他，这无疑就是让班级建设取得了开门红。那么，班主任如何做到"开门红"呢？说说我的故事吧。

整顿衣裳

人人爱美，我也是。节假日，我也会穿吊带衫、热裤、拖鞋。双休日，我也会烈焰红唇、牛仔破洞。但是，只要我步入校园，我一定会摒弃这些，以一个知性优雅的女教师形象出现在学生面前。

班主任得体美观的穿着，会给班主任工作带来积极效应。那天我走进教室，发现学生看我的目光特别温柔。当我站在讲台上，刚想叮嘱早自习认真复习文言文《侍坐》的时候，班里学生陈志伟大声说了句："陈老师，你真漂亮，真的特别特别漂亮。"然后，几乎全班都欢快地应和起来。我感受到了学生的真诚，温暖欢喜的同时，大大方方地说："我们书香班的学生，长得这么帅和美，班主任不能拖你们后腿哈。谢谢你们，我要更加努力！"学生赞得真诚，班主任我谢得真诚，两股真诚的力量，拉近了师生的距离，融洽了师生关系。

新生报到那天，我身着藏青色职业套装，化了淡妆，提早半小时站在教室门口,微笑着迎接每一位学生的到来。我还让学生在讲台上任意挑选一本自己喜欢的书,拿到座位上阅读,并且告诉学生,这是我送给他们的见面礼。跨年联欢会上,我穿上中式唐装,或者一袭中国红裙,非常用心地融入"新年诗歌"的跨年联欢中。

我觉得,班主任的服饰之美,是班主任形象的软实力。步入校园,班主任更要有美的意识。

8分钟演讲

学生到齐落座后,我模仿奥运会开幕式,开始了8分钟的PPT激情演讲。演讲全文如下:

亲爱的同学:

一年好景君须记,最是花红夏暖时。伴着这个春末夏初的骄阳,伴着对初中的留恋和对高中的憧憬,我们迎来了人生中又一段美妙的旅程。今天,42张青春的面孔,一股股青春的活力,涌现在我的面前,成了菁菁校园里、书香班教室里最靓丽的风景。电商147班的同学们,班主任我热烈欢迎你们!

此时此刻,你的心情一定不那么平静。兴奋、好奇,小小的担心,大大的期盼,这些都会把你的思绪拉得很长很长。当你怀揣着理想,走进开元商贸,或许你还会有些许迷茫,甚至还有小小的担心。未知的世界,崭新的环境,陌生的人群,对于刚走出初中大门的你们来说,一切都是好奇和未知的。或许你还沉湎于初中的美好,对过去充满了留恋。或许你还因考入职业学校而自卑,耿耿于学习成绩,为自己以往的碌碌无为而心存内疚。其实,凡是过去,皆为序章。初中有初中的美好,普高有普高的精彩,但是职高也有职高的风景啊。我们不唯分数论英雄,不以考分排座次。技能比拼、企业对话、商场模拟;电子商务大赛、市场营销策划、跨境电子商务合作;贸易节、技能节、人口文化节、秀酷节:所有的活动都是那么有滋有味,所有的节日都是那么摇曳多姿。我们的班级就在这些活动中闪闪发亮,我们的青春就在这些节日中熠熠生辉。

亲爱的同学,班级是什么?班级就是我们每个同学的家,温馨的港湾,精神的家园,生命成长的滋养场。班主任是什么?班主任就是你们的小伙伴,你们的好朋友,你们的成长导师。班主任爱着你却不惯着你,疼着你却不放任你,严格要求你却不控制你,支持着你却不替代你。因为天气好,因为天气不好,因为天气刚刚好,班主任和你们在一起的时光都很耀眼。

亲爱的同学们,你们的到来壮大了我们的队伍,为开元商贸这个大家庭补充了新鲜的血液。古希腊伟大的哲学家柏拉图提出著名的人生三问:"我是谁?""我从哪里来?""我要到哪里去?"面对人生中崭新的起点,我们也要叩问自己的心灵。老师希望你们树立目标,摒弃自卑,重拾自信,遇见精彩的自己;老师希望你们合作共赢,创新创造,开阔视野,挥洒闪亮的青春;老师希望你们勇于担当,以梦为马,有梦可追。在成长的道路上，肯定自己，创造自己，超越自己。

恰同学少年，风华正茂。我们每个人都应找准自己的位置，努力拼搏。"长风破浪会有时，直挂云帆济沧海。"祝福我们开元商贸的每一位学子，不忘初心，从理想中来，到求知中去。并且脚踏实地，仰望星空，让高中三年的青春岁月成为人生画卷中最美好的记忆。

我讲得激情澎湃，学生听得热血沸腾。我看见，班里的学生们，眼里飘出希望之光。

王婆卖瓜

开学第一课，我特意"王婆卖瓜"。我会讲一些自己带班的成绩，讲一些我的仅有的那点光辉荣誉，还会讲一点点我在全国各地讲课的情景。之所以这样"厚颜"地彰显我的班主任工作的优秀，是我相信"先入为主"的价值。我要在学生心中植入预期和暗示：能够加入书香班，是我的幸运。能够做陈明梅老师班里的学生，是我的幸运。

我是一个比较感性，活得很真实的人。30 年在教育园地里的摸爬滚打，让我对教育有了更深刻的体悟，也让我更为深刻清晰地遇见了自己。因此，我更愿意和学生讲讲我的努力和坚持的教育人生。在一次主题班会课上，我对学生说：

"我的学历低，原始学历只有高中。但是，从教 8 年后，我拿到了大学本科文凭。之后，还读了 2 年硕士课程。生活遭遇困顿的时候，我就读书,读文学、读哲学、读教育学来拓展自己;迷茫的时候,我就看电影、听音乐、写随笔来激励自己。读书对我的影响和改变,几乎没有体现在物质层面上。读书对我的最大改变是观念、眼界、思维。它们重构了我的自我身份。我文化基础薄弱,但是我登上了《班主任》杂志封面,现在已是全国优秀班主任,还出版了个人专著《我和我的书香班》。曾经,我因为没有能力站稳中职讲台,一度被你们的师哥师姐们'折磨'得痛不欲生。但我擦干眼泪之后,从来没有放弃过反思和改变。代课教师 8 年岁月,见证了我的坚持;15 年的中职岁月,见证了我的专业。从代课教师到民办教师再到公办教师,从小学到初中再到中职,从农村到城市,我一路坎坷,但也一路野蛮成长。

"人可以通过脚踏实地、锲而不舍地努力改变命运,而不是依靠各种各样的假设来虚拟岁月静好。青春烂漫的你们,'路上春色正好,天上太阳正晴',虔诚地希望你们,人生路上,永远做一个追光者。老师和你们在一起,我们共勉。"

记得,当时我说完这些后,学生脸上流露出的敬佩、自豪和信心让我动容。接下来的热烈的掌声,一度又让我几乎流泪。我从不回避我的这段历史,我从来不缺面对真实、面对不足、面对坎坷的勇气。

这似乎是王婆卖瓜。但是,它好像又不是。

专业能力，让学生依赖

专业能力是班主任形象的硬核。爱的能力是基础，践履能力是关键，公平公正是核心。

爱学生

有人曾说："教育的水是什么？就是情，就是爱。教育没有情爱，就成了无水的池，任你四方形也罢，圆形也罢，总逃不出一个空虚。"班主任是爱的事业，没有爱便没有教育，这里说的爱是一种"博爱"，它是弥漫在班级之池的水，滋润着每一个学生的心灵，它也是班级管理得以良性发展的前提。

每逢外出学习或讲座，我总会记得"背"一些学生喜欢的东西回校。去南京考察学习时，我特意到江南贡院给高三的学生买印有"金榜题名"的圆珠笔和橡皮激励学生，还了买两大包南京土特产麻糬"犒劳"学生。学生则用奶茶杯当话筒，深情地唱起了《壮志在我心》。高考在即，我办公室里总是备足食品——牛奶、面包或是饼干，以备学生不时之需。学生进步了，我以"一点点"奶茶隆重奖励；偶尔有学生来不及吃早饭，我会在第一时间走出校门，给他们买来热腾腾的包子和热豆浆。去山东威海做讲座时，我买回三大包威海大花生"款待"学生。学生学习成绩进步，养成了良好的行为习惯时，我会买几包咪咪虾条"贿赂"他们继续努力。一件件，一桩桩，没有轰轰烈烈、感天动地，有的只是学生成长后的知足。人生的得失无法用金钱来衡量，学生需要你，学生常来

"麻烦"你，你就是有价值的，你就是幸福的。

爱出者爱返，福往者福来。我喜欢学生们的真情和感谢。学生的感谢没有虚伪，没有恭维，有的只是朴素的表达、真挚的问候、深深的惦记。追捧会随着权力的消失而逝去，恭维会随着地位的改变而转移，但学生的感恩却能历久弥新。

学生们会很快忘记我对他们的凶和严，而总是牢牢记得我对他们的好。办公桌上时不时会有一盆花草、一张电影票，或是几张精美的书签，或是一只苹果、两只橘子、三颗糖。或许是我在中职教育一线待久了，我越来越体悟到：很多时候，教育的真正价值不是面对优秀的孩子，而是面对不优秀的孩子甚至是让老师们焦虑焦灼的孩子。因为他们才是班主任需要特别关注的学生。前年教师节那天，已经是大一的汪同学来看我，捧着一大盆虎皮兰。从他手中接过虎皮兰，我示意他坐在椅子上。谈笑间，我一眼看见了他胸口的校牌——杭州市开元商贸职业学校电商 146 班！看他戴着校牌，一本正经的模样，心间一股暖流涌了上来，我还是忍不住好奇地问他："为什么要戴高中时的校牌啊？"他说："陈老师，其实我常常想起我们电商 146 班的，虽然大家仅仅相处了一年时间，而且都来自不同的班级，可是我还是特别留恋它，特别想你和老师们。我成绩不好，脑子也不聪明，网建考了 70 多分（总分 120 分），市场营销考了 85 分（总分 180 分），我差点想放弃了。可是你没有放弃我，鼓励我'不抛弃，不放弃'，还经常为我开语文复习的小灶。班级的同学也没有放弃我，时常为我解答数学疑难问题。要不是大家帮助我，我不可能考上大学的。大学里，大家各忙各的，高三的这种'一家人'的感觉找不到了。所以,来学校戴校牌感觉又像回到了家,这种感觉真的特别好!"听完汪同学的讲述,我的心仿佛被重重地撞了一下。

践 履

教师的最大价值就是培养人的精神长相。学生的成长、成熟中,不仅有"传道、授业、解惑",更有人生观、价值观的引领和影响。

践履即身体力行,从小事做起,它是一个看似容易却难以真正做到的自我要求。不管外在还是内在,班主任的形象百分之九十靠做,百分之十靠说。

践履体现在言传身教上。我希望学生好读书,所以我就让读书成为我的生活方式。"我'老班'一看就是个文化人。书不离手,语文课上得好,心理课上得精彩;穿旗袍,有气质;语言表达有书香(批评人不带脏字);爱旅行、爱运动;办公室芳草鲜美。她业余时间常进行读书活动:话剧、电影、读书会、美术馆、读书沙龙、写作……她懂心理学,公平、公正对待每一个学生。能搞定学生的问题,令人信服,有爱有智慧。"(摘自学生的作文)

我希望学生"勿以善小而不为",因此,看到走廊上有垃圾时,哪怕是很小的一张餐巾纸,我也会弯腰捡起;去阶梯教室集会时,看到门轴转动失灵,我会侧身站在门口扶着门轴,微笑着示意学生一个个先行进入就座;看到大扫除值日生拖地拖不干净,我会拿起拖把耐心地教。其实学生并不是不知道应该要去做,而是不从自我做起,从小事做起。

其实,很多学生并不缺乏认知和眼光,而是缺乏责任,缺乏担当意识。很多时候，他们成了"语言的巨人，行动的矮子"。所以，在平时的班级管理过程中，班主任的躬身引领、榜样示范的践履的人格形象非常重要。虽然这种人格形象的体现有时是长期的过程，但是播下一种行为，就会收获一种习惯。

一个践履能力强的班主任对学生的影响是巨大的。有的时候，站在学生的身边，什么话都不说，对学生就是最好的帮助和启发。教育是潜移默化的。

践履还体现在班主任的专业能力上。脾气暴躁的方同学，篮球场抢球事件后情绪失控，我的心理辅导帮他走出了泥淖，找回阳光和自信；找不到学习意义的陈同学，因为我为他搭建了在浙江工商大学出版社官方微信公众号"青春同文馆"发布朗诵音频《少年中国说》的平台，受到同学追捧、老师表扬、家长认可，体验到价值感、成就感后，自信心爆棚；哭哭啼啼推门而入的张同学，在和我倾心对话交流后，笑嘻嘻走出办公室，和她的好朋友彼此谅解，重归于好。

公平民主

"我虽然可能不同意你的观点，但我誓死捍卫你说话的权利。"我经常会和班里的学生们说起伏尔泰的这句名言。我是这么说的，也是这么做的。我以为，班主任的公平民主意识，对于成长中的学生影响巨大。所谓公平，就是无论成绩好还是坏、家庭富裕还是贫穷，都一视同仁。学生犯错了，该罚则罚，无论你是谁；学习进步了，及时鼓励，哪怕你不是优等生。对于后进学生，要学会宽容和等待，人在犯错中成长，花在等待中开放。公平还体现在尊重学生的智能差异和多样化表现上。每一个学生都是独立的个体,都以自己独特的方式存在。所谓民主,就是摒弃班主任的"大权独揽""高高在上"。倾听、放手,让学生学会自立、自治,让学生站在教室中央。班主任只是主导,学生们才是主体。

有时候,我会和学生讲讲自己在磨难面前的抗争,也会讲讲我在权力面前的操守和脊梁。公平民主从来就不是一个人的事,而是关乎我们每一个人。

从依赖到趋同

班主任的形象有三层境界:信任、依赖和趋同。这三者的关系是层层递进的。一旦学生建立了对你的信任,那么在问题行为发生或者迷茫挫折时,他内心笃定,有极强的安全感,他会积极面对,努力改变。因为,学生知道他的身后有一个强大的班主任。这种依赖不是不作为或是退避,而是在成长过程中对班主任智力支持和精神支持的期盼和依靠。长期的耳濡目染、熏陶滋养下,学生的思维方式、行为方式乃至语言表达,都会接近班主任的风格。而这正是班级文化成熟的表现。

好读书

书香班班主任好读书是不争的事实。有一次,班里有个全校有名的调皮学生路过保安室,保安师傅叫住他,让他带个快递到我办公室。保安师傅随口教育了他几句:"你们班主任陈老师的快递都是书,全校数她买书最多了。所以,你们班主任最有文化。你不读书就没文化,没文化是不能做陈老师学生的。"保安师傅的话显然有些夸张。但是,我买书勤,读书勤,潜移默化影响了班里的学生。

一段时间下来,能明显感觉到班里学生对读书的认识发生了变化:由最初的不愿意读书、没时间读书,到能静下心来认真地阅读;从休闲消遣阅读转为人物传记阅读、名家名作阅读、经典阅读;从碎片阅读转到深度阅读,再上升到品质阅读。学生的阅读有了渐进和渐变的阶梯式发展过程。

课间,教室中不再充斥着喧哗和吵闹声。午间休息时间,自学课时间不再呈现单一热闹场景,埋头阅读的"低头一族"与日俱增。学生们沉湎手机、激情游戏的时间明显减少。走进电影院看电影、去音乐厅听音乐、去图书馆阅读心仪的图书、逛一逛画展、听一堂公益讲座等书香活动填满了学生的业余生活。

学思维

书香班建设,使学生的思维深度、语言表达能力等不同程度地超越了兄弟班级。任课教师很愿意选择我们班进行公开课展示。例如学生在主题班会"希望从来不曾消失"的公开课上,对电影的解读,对生活的思考,对逆境的体察,让与会老师赞叹。我班也常被误以为是"3+2"班。伴随着阅读量的提升,班级学生的写作能力也有了长足的进步。以电商 146 班(高职预备班)为例,我接班前班级作文平均分 36 分,后来 4 次高职模拟考试,作文成绩持续小幅上升。最后一次高职模拟考,班级作文平均分 43 分。后来该班高职考的语文平均分达到 101 分。虽然无法得知作文的具体分数,但就普遍规律而言,语文高职考成绩的高低,往往取决于作文的得分。

重三观

有一次闲聊,说到班级管理。学校德育校长王校长评价我说:"陈老师个性阳光开朗,为人处世不功利,三观很正。她带班很人文。"是的,我推崇"人班合一"的带班风格。这种风格不仅能最大限度地发挥我的性格优势,更重要的是我能将我的正能量传播下去,影响学生。我的学生多半道德是非观分明,尊重他人,文明友善,班级中大部分学生尤其是男生的青春期浮躁心性得到了不同程度的改善。

教室不仅是一个物理空间,更是一个师生相互滋养的精神空间。班主任的形象建设,不仅给学生、给班级带去了清新和活力,对班主任自己也是一种促进。2018 年 7 月 24 日,我去了山东曲阜孔庙,当我抚摸着"杏坛"这块石碑,仰望着"万世师表"这块匾额的时候,耳畔响起了"为天地立心,为生民立命,为往圣继绝学,为万世开太平"的铿锵之言,这是对每一个教育工作者的鞭策。我想,这也是我的教育使命!

教室后墙上的那份黑板报

　　但凡去兄弟学校考察，每每走进教室，我最关注的地方总是这间教室后墙上的黑板报。同事有些不解，问我："现在社会信息发达，各种资讯网上一点便知，黑板报实际上没有存在的必要了。"我理解同事的不解，但是我不这么认为。在互联网信息爆炸的当下，学生的视野不断开阔，知识的建构多元复杂，信息的获得方便快捷，黑板报传统意义上的宣传功能确实已经淡化。但是作为班级文化建设的一部分，黑板报在熏陶、美化、激励等方面仍然有举足轻重的地位。更重要的是，黑板报是班级精神文明的窗口。

当班主任都有这样一种体会：一间教室有没有文化，这间教室学风如何，很多时候，我们只要走进这间教室，往讲台上一站，往教室四面墙上一看，尤其是看教室后墙上的黑板报质量，就可以大致了解这个班的基本情况。这其实就是环境氛围建设。黑板报就是班级氛围的具体物化。好的氛围是有积极的心理暗示作用的。谁都希望坐在一间干净敞亮、文化气息浓厚的教室里。因为它能带给人愉悦、放松和自信。好的环境可以熏陶人、感染人，激励人、鼓舞人。

突出创新能力提升

黑板报是学校的德育阵地。黑板报评比也是班级德育管理的一个重要组成部分。

确定宗旨

审美之"愚"是班级学情的现实存在，所以，黑板报也是一个宣传表达"何谓美"的舞台。从版面的设计到报头的展示，从颜料的涂抹到文字的抄写，等等，都是美的艺术。我想，黑板报的颜料，你有我有，大家有；黑板报的主题，学校统一确定，大家一模一样。在众多的"大家都有"中，一定要体现书香班的独特审美。只有独特，才能在校区 20 多个班级中脱颖而出。我想到了那句著名广告词，"人无我有，人有我优"。人家没有的，我们有；人家都有的，我们要比他们更优秀。

挖掘亮点

当今，黑板报主要是作为班级精神的符号和班级宣传的窗口而存在的。这一点非常重要。实际上，它指明了优秀黑板报的三大元素：醒目、鲜艳、精致。这样才能让人看一眼就印象深刻。当然，能看一眼就让人印象深刻的，一定不是黑板报的内容，而是黑板报的图案。所以，总的来说，书香班的黑板报以图为主，以字为辅。图，鲜艳醒目，并且占据了黑板报的主要篇幅；字，少而精致美观，只是作为图的映衬。我班使用水彩粉颜料绘制黑板报，它容易清洗，不会污损黑板，还能保持持久的鲜亮。

突出主题

没有主题的黑板报，犹如没有中心思想的文章。好文章一定是中心思想突出的文章，作者会明白无误地表达出自己的观点和基本立场。以此类推，优秀黑板报一定是主题鲜明的黑板报。只有主题先行，才能做好版面设计、色彩搭配、文字样式等工作。主题和材料的次序不可颠倒。

加强团队协作建设

我向来认为,黑板报不应该是班里某一位同学的杰作。班里有美术特长的优秀学生固然值得高兴,但假如每次黑板报都是这个优秀学生的杰作,我觉得班主任只是在利用这个学生,而不是在培养这个学生。班集体建设无小事,班主任要借助黑板报做大文章。

组员挑选

团队协作能力是中职学生的短板。为了给学生搭建协作平台,我鼓励他们建设黑板报小组,自行挑选制作黑板报的成员。黑板报小组成员的挑选遵循自愿报名的原则,主要条件有:有美术基础的同学优先,黑板报书写美观的优先。其余成员,只要有热情,愿意为班级做事,并且能和主力同学相处融洽就可以了。

分工明确

书香班黑板报小组共有成员 4 人,分工明确:组长负责设计和绘画,另一人负责文字书写,一人负责画线条、端颜料盒等助理工作,一人负责擦黑板、洗颜料盒等后勤保障。分工明确,各司其职。同时,分工不分家,4 人一组,缺一不可,互相配合,紧密合作。

团结协作

团结协作,不仅体现在小组内部各成员之间,也体现在组与组之间。书香班共有 2 个黑板报小组。组建 2 个小组的原因是想通过小组竞争，提升黑板报质量。中学时代，学生们大多年轻气盛，自尊心强，这一次，你小组获得了优胜，下一次，我小组要努力超越。对彼此的不服气，会促使小组成员之间的合作更加紧密。

促进学生健康成长

就读中职，书香班的很多学生内心是自卑不自信的。自信不是靠喊口号、喊加油、做动员、搞宣誓就可以拥有的。自信来源于实力，而实力来源于平时的点滴积累。班主任要关注到每一个学生的成长，特别是关注学生的精神世界。

走进内心

书香班里有这么一个女生。她初中时就读于杭州名校，由于种种原因，被逼无奈读了职业高中，所以，她总是处在纠结和矛盾中。一方面，由于她"出身名门"，自视颇高，打心眼里看不起中职同学，觉得中职同学很差劲；另一方面，她的学习成绩经常处于班级中下游，比被她看不起的同学还要差。她性格偏内向，不善于表达，又没有好朋友可以倾诉。所以，开学不到 2 个月，就出现了种种不适应。

发挥特长

看到这个女生状态如此低迷,我努力寻找帮助她的机会。后来,在一次闲聊中,我意外获知,小学时她曾经学过3年的中国画。我如获至宝,立即动员她加入了班级黑板报小组。每当轮到她小组设计黑板报,我总是私下要求她先对黑板报进行总体布局,设计好符合主题的图案,然后再考虑用简洁的语言进行描述。她在出黑板报的时候,我总是陪在她身边,说一些看似漫不经心,实则暗含鼓励和赞美的话,对她进行暗示和激励。那天,当学生会的几个评委拿着照相机走入我班教室的时候,有两个评委忍不住夸了句"好漂亮"。果然,那次我们班黑板报获得优胜奖。之后,我大张旗鼓地表扬了她,又悄无声息地对她进行了学习适应心理辅导。慢慢地,她脸上的笑容多了起来。

联手家长

该女生的父母是高级知识分子,对她的学业一直抱有很高的期望。他们之所以把女儿送到我们学校就读,是因为我们学校的本科升学率很高。因此,女生还没进我们学校学习,他们便早早替她树立了升学目标:浙江工商大学。父母的高期望,给学业上低成就的孩子造成了巨大的压力。我通过家访、微信、电话等各种途径和家长进行了真诚的沟通,希望他们能客观、理性地看待孩子的学业,认识到本科不是教育的目的地,孩子身心健康最重要。另外,我还联合家长,在征得其本人同意后,对她进行了职业生涯规划辅导。就这样,慢慢地,一步步地,该女生越来越自信,也对自己的学业和定位有了更加客观的认识。2016 年 8 月,她顺利考入高职。

　　虽然出黑板报费时费力费钱财,但是,当它成了学生才艺的展示平台,成了小组创新合作的舞台,成了激励成长的火把,黑板报就应该不遗余力地出下去。我想,只要黑板报还存在,书香班出黑板报的接力棒,一定会一年一年、一届一届往下传递,永不停息。

书香班制度文化建设

叁

一二八

听到很多老师说，我们的学生缺乏规则意识，行为习惯很不好。对于这样的学生，应该用严苛的制度即"用重典"去管理和教育。我曾经也崇尚这样的方法。在班级管理制度上，我以法治班，强调用严格的管理制度把学生管住。班级秩序井然，学生服从、乖、听话，是优秀班主任的基本条件。我是这么理解的，也是这么做的。可是，两件事情，改变了我的管理思路。

事件1：那一年，我班级被评上了市级先进班集体。乍听到消息，我是何等兴奋呀！我兴冲冲地拿着刚刚领到的先进班级奖状快步走向班级，边走边想：学生们看到奖状，会不会又把我抬起来？在教室门口，我碰到了正抱着篮球回教室的贾同学。"嘿，贾帅，我们班评上市级先进班级啦！"我微笑着，面向他大声地说。"啊，什么先进班级？这个先进和我有什么关系？"面对他的漠然，我有点惊愕，手里的那张奖状仿佛也立马沉重起来。正如他所料，班级里除了几个班干部"察言观色""见机行事"地从我手里拿走奖状，在教室后墙进行了张贴之外，其余同学没有欢呼，没有喜悦，教室里出乎意料地安静。后来，我听到班里有学生和隔壁班学生说，在这个先进班里一点也不开心。老师管得太严了，规矩那么多，感觉自己像个木偶一样。

事件2：男生平平，班里的熊孩子，属于那种严重后进的学生。有一个星期，他连续迟到5次。原本对他丧失了教育信心的我，主动向学校德育处汇报，强烈要求学校按照校纪校规"法办"他，"以儆效尤"。于是，平平被全校广播点名批评。后来，平平假装生病，旷课1周，作业不交9次，上课睡觉4次，顶撞老师3次，继续连续迟到5次。我选择了沉默、旁观、如实记录。再后来,平平在篮球场上和同学发生言语冲突。放学后,平平约了几个社会青年把同学打得鼻青脸肿。再后来,我严格监督平平的一举一动,每天拿个笔记本认真记录,包括和平平说话谈笑的同学。我的目的只有一个,等平平"罪行累累",达到"上纲上线"的标准了,就把平平赶回家。几次积累下来,平平终于上了退学的"纲",上了主动转校的"线"。办退学手续那天,平平妈妈哭了,眼睛哭得很肿。平平一直沉默着,只是看我的眼神充满了怨愤。后来,一次语文考试,望着平平空荡荡的座位,想起平平怨愤的眼神,想到平平一次一次犯错后,我没有帮助,没有引导,有的只是记录、惩罚,甚至还有几许威胁,我突然意识到,我原来不是在做教育,而是在做功利。因为平平走了,我班级的各项考评成绩就会上去了,我的各项荣誉也会到来。现在,我每次想起平平,每次心疼。

这两件事情,从管理的角度说,都是制度管理。我"规矩太多",管住了学生,所带的班获得了市级先进班集体荣誉称号。可是,那样的班级生活是基于对班级管理制度的严格遵守,学生不快乐,感觉自己只是班级的工具,活得像木偶;我知法、用法,严格执法,把严格制度管理当作教育的目的,而不是手段。最终用制度赶走了"熊孩子","赢得了"学生的怨恨、家长的眼泪。

痛定思痛。我们究竟需要一个什么样的管理制度?为什么要制订这样一个制度?这个制度是怎么制订出来的,又是谁制订出来的?班级管理制度的出发点和本源归向又在哪里?高大上、大而全的精细化制度,对班级里的个别学生是否适用?

书香班的管理机制

　　班级管理的最终目标是人的成长。从制度层面上来说，要使班级的建设得到稳步发展，就必须建设一个科学的班级管理机制。在科学的机制下，学生才能习得自主、自立、自理的自我管理能力，班级的活力和可持续发展才能成为可能。书香班的管理机制由名片制、书香小组自治制、项目负责人制组成。

名 片 制

传统的班级外在形象都是"千班一面"。书香班的班级管理机制创新之一，就是别开生面，打造班级独有的视觉文化识别系统：班级口号、班徽、班服、班歌、班规（不可量化的班规，体现班级精神追求）。我们称之为班级的名片。

名片是班级的必需，是班级制度的一部分。名片也是学生的外在形象。因此，它的设计打造，一定是学生民主讨论的结果。我在充分了解班情、学情的基础上，把学生的愿景和班级的愿景相融合，对学生进行引导和启发。书香班的班级名片设计不以班主任我的意志为转移，而是充分尊重学生的意愿和选择，极大地调动了班级学生的积极性。对于十六七岁、追求个性的学生来说，这无疑具有重要价值。"我的班级我做主"，我是班级的主人。实际上，它更多承载的是学生的自主感、自由感、荣誉感和价值感。班级名片，是班级走向学生自治的第一步。下面，我就书香班名片做逐一介绍。

班　名

书香班的班名连续三届都是"书香班"。古人在书中放置香草，不仅可以防蠹虫咬蛀，而且可以给书留下幽幽清香，"书香"一词便由此而来。对于班级建设，书香这个词有点流于虚化，我便"以实化虚"，与学生一起将"书香"的内涵具体化。相信每个班主任在接手新一届学生时，首先都要问自己四个问题：

第一,我要带出一个什么样的班级?

第二,我希望学生成为什么样的学生?

第三,我班级建设目标的核心关键词有哪些?

第四,我达成目标的策略、路径和方法是什么?

这四个问题,其实就是班主任基于班情、学情的班级建设的顶层设计和宏观规划。仔细思考,我们不难发现,这四个问题可以说是"万能胶"。我连续将三届班级名字取名为书香班,某种意义上说也是"万能胶"。取了个"万能胶"名字,我一点也不担心。因为,我始终认为,不管哪个班级、哪个学段,读书都是必需的。它是一个人的精神哺育,是人的精神发育史。有了对于班级的宏观思考、顶层定义,具体班级才能具体定义。

很快,具体调研数据出来了。主题班会上,我向全体学生抛出话题:你想生活在什么样的集体中? 你希望你的班级是个什么样的班级?

学生参与热情高涨,纷纷在调查问卷上留下笔迹。发卷 42 份,回收 42 份。调查结果显示,33 人的愿望基本一致:"活动要多,人要团结,能多读几本课外书;老师不偏心,不比成绩;教室漂亮。"

第一次家长会上,我又抛出了同样的问题:你希望你的孩子生活在什么样的班级中? 家长们留言也很积极,经过整理归纳,家长们的愿望惊人一致:"学习成绩好,班风正,能够多读几本书。"

这样的调查访谈,让我意识到,"多读书"已然成为学生和家长们的共同愿望。多读书的愿望折射出来的是对知识的渴求。之后,我和班干部反复商讨,和家长多次交流,最后,确定了班级的名字——书香班。

学生说，朗朗上口，雅俗共赏。

班　徽

书香班的班徽设计，完全来自学生的创意。刚开始征集班徽的时候，学生八仙过海各显神通，可是，当作品呈现在我眼前的时候，我的感觉是学生只是在"抄袭"别人的设计。我反思了原因，意识到，新高一的班集体还没有形成，班级精神还没有确立，对于文化素养相对比较单薄的学生来说，让他们设计出一个内涵丰富、形式美观的班徽实在有些强人所难。失望之余，班长边好婷的设计引起了我的注意。她的设计是：将全班 42 名同学的笑脸大头照，放进一朵"燃烧的向日葵"里。她说："向日葵，积极努力阳光向上，希望我们摒弃就读职业高中的自卑，每天都露出阳光般的笑脸。"经过讨论，全班一致通过了边好婷的设计。宣传委员去文印店打印出来，塑封，挂在了教室门口的墙上。学生每天来上课，第一眼看到的就是自己灿烂的笑容。真是皆大欢喜！

班　歌

书香班班歌的创作出奇地顺利。或许是因为班里的学生内心都有股不被社会肯定的委屈吧。同时，入书香班以来，又感受到班级的积极氛围和同学之间的相亲相爱，觉得自己只要努力，做一只一步一步往上爬的蜗牛，同样也能到达自己想去的地方。周杰伦演唱的《蜗牛》，学生们很是喜欢，一致决定歌曲旋律选用《蜗牛》，歌词自己填。或许是因为《蜗牛》早已经入脑入心了，书香班版的《蜗牛》歌词也写出了我们书香的味道：

> 能不能放下心中的痛
> 追寻到底哪里有明天
> 随着暖暖的风，暖暖的风
> 承受的痛都不觉得痛
> 我要一步一步往上爬
> 看着阳光静静洒在它身上
> 小小的我有大大的梦想
> 重重的壳裹着美好的梦想
> 我要一步一步往上爬
> 在最高点乘着希望往前飞
> 小小的我洒下的泪和汗
> 总有一天我有属于我的天
> 我要一步一步往上爬
> 在最高点乘着希望往前飞
> 任风吹干流过的泪和汗
> 我要一步一步往上爬
> 看着阳光静静洒在它身上
> 小小的我有大大的梦想
> 任风吹干流过的泪和汗
> 总有一天我有属于我的天

歌声嘹亮，斗志昂扬。书香班的学生唱着《蜗牛》，昂扬地步入高职考战场，全班 45 人全部上线，6 个同学的分数上了学生们眼里的浙江省最好的 4 所高职院校"三经一商"的分数线。

班　服

书香班班服的设计遵循"校园味，书香气"的原则，整体体现了英伦学院风。女生为白衬衫，黑色短裙，配黑色袜套、紫红色领结；男生为白衬衫，黑色长裤，配黑色领带。这样的设计富有淑女/绅士气息而又不失青春活泼。班服是书香的物化表达，因为表达反映了全班同学的心声，所以学生们在周记里满篇的"班服最美"，也就不足为奇了。

班名、班歌、班徽、班服是书香班的个性文化，是班级的形象明信片，是班级文化的重要组成部分。它影响滋养着班里的每一个学生，甚至每一个家长。当然，有了这些，并不意味着我们书香班就有了文化。文化不是一个班名、一首班歌、一个班徽和一套班服就能形成的。它是一项长期的系统工程，名片制之下，还有内在的"三制"和"三会"。

小组自治制

据我观察，现今，大多数班级的班级管理采用的是传统的金字塔般的班委会层级管理制。班主任属于最高层，处于金字塔顶端，是班级管理的指挥中心；班长处于第二层，是班主任的助手；班干部处于班级管理的第三层，是班长的手下；课代表和小组长处于班级管理的第四层，受班干部管理制约；广大同学处于班级管理的第五层，是班级管理的最下层，也是各种规章制度、具体活动的执行者。这种垂直单一的管理机制，固然有其便于班级管理的一面，但班级成员大都要听从班主任和班干部，班级事务有执行的责任，没有选择的权利。中职生正值叛逆期，以班主任的立场和视角建立的管理机制造成了中职生心理上的更加逆反和行为上的更加失序。因此，中职班级管理常见的现象是：班级事务无论大小，就那么几个班干部、班级积极分子在那忙上忙下，绝大多数学生是看客。对班级事务，他们"拨一拨，动一动"，且不情不愿。激发学生当家做主、人人参与活动的意愿，最根本的是要建立一套不养闲人的班级自治管理机制。

组织机构

按照管理动力学理论，6 人小组（1 人担任组长，其余 5 人是组员）是最科学的管理小组，亦称万能小组。

书香班全班分成 7 个自治小组，每组 6 人。组长原则上由组内成员经过民主协商轮流担任。每个组在组长的带领下，负责管理班级一周。小组组内成员根据个性特点、特长爱好等情况,专门负责班里某一项事务的管理。书香班管理岗位有以下 6 种:作业管理、文明礼仪管理、出勤管理、手机监察管理、值日监察管理、两操检查管理。

管理规程

每周五班队活动时间,小组长对本周取得的成绩和发现的问题做一周小结,并将记录本移交到下一任小组长手中。新任小组长和老小组长进行 3—5 五分钟的交接协调。新任小组长在周一晨会时间就上周的问题,向全班汇报小组的调整举措,并宣布本周的"施政纲要"。最后,班主任对纲要进行审核、指导、建议,同意将班级管理事务全权交给该小组。

特色组名

每个小组的名字是小组成员集体智慧的结晶,承载着组内成员的愿景。例如:书香班 7 个书香小组信守着"书香导行塑形,书香滋养品性,书香决定行规和学习力"的信念,经过组内讨论、小组海报展示,给各自小组取了一个温暖的书香的名字,它们分别是:七里香、书枕明月、繁星点点、隶书小篆、稻花香里、舞文弄墨、空谷幽兰。

监督和反馈

没有监督、反馈和评价,也就没有管理。和所有的管理一样,小组自治也需要在不断沟通、协调、反思和总结中走向民主和高效。基于高中学生的年龄特点,小组自治管理的监督反馈和评价,更多应着眼于沟通机制的建立。只有学生的意见、学生的想法、学生的建议得到重视和及时反馈，班级管理才具有实效性和时效性。为了能最大限度地聆听到班级同学的心声，第一时间了解到班情、学情，书香班小组自治班级管理特别加强了沟通平台建设。

案例：

"三记壹号"（"史记""梅记""微记""壹号"）

"史记"是书香班班级日记记录本的名字。每天一篇，每篇300字以上，每位书香学子按照值周顺序轮流写。可以是日常管理感悟、班级好人好事、活动心得，也可以是课堂思考、师生故事、亲子案例等。"史记"是书香班的精神场，也是班级舆论的展示地，存放在班级图书角，同学可随时翻阅。

"梅记"是书香班班主任每天和一位同学对话的聊天随笔集，集子起名为《梅记》。每天，班主任和一位同学约谈，谈学习，谈生活，谈理想，谈困惑，谈家庭，谈老师，无所不谈。这样一种似乎漫无边际的聊天式交流，实际上是班主任掌握班级动态的第一手资料来源，也是和谐师生关系的暖心场。

"微记"是对书香班微信群里的闲言碎语的记录。工作日每天20:00—20:10，班级同学、家长可以在遵守网上公约的前提下，就学习生活、家校沟通等情况进行交流讨论。微记记录管理员由值周小组长组内安排。无论是对班级同学，还是对家校合作来说，这都是一座心桥。在网络时代，微信群、QQ群中的聊天发言，由于其及时、真实、自由的特点，深受同学喜爱。

"壹号"即名班主任工作室微信公众号。但凡"三记"上有精彩文章，经班主任审核后，由公众号专职管理员在公众号上发布。这种"以展示促平时"的方式，充分调动了学生向上、向善、向美的力量。

小组自治式的班级管理，层级少，扁平式，最大限度地激发了每个组员的积极性、主动性。同时，自治小组管理工作内容公开透明，管理过程接受全班监督，发现问题，可以根据情况及时进行调整和改进，方便灵活，操作性强。除此之外，监督和评价机制的建设还保证了管理制度的民主性。

项目负责人制

小组自治，更多地着眼于班级的常规管理。小组轮流执政，组内先后上岗，班级管理固定程序，按部就班。项目负责人制，侧重于重大活动时的班级自治管理。

职　责

项目负责人以全权负责和法人的姿态参与班级活动，项目申请、方案策划、团队组建、指挥协调等全由一人"大包大揽"。

选　　拔

项目负责人的选拔，不拘一格，可以毛遂自荐、班主任任命，可以由同学或家长推荐，可以是书香小组竞聘，也可以是同学自由组合。和学习成绩好坏没有关系，和是不是班干部没有关系，和有没有获得过荣誉没有关系，项目负责人，只要"能负责好这个项目，有实力，有能力"就可以。

操作流程

按照项目申请—方案策划—团队组建—指挥协调四个流程，有序推进。

项目负责人制充分调动了负责人工作的积极性、主动性，激发了负责人的责任意识、智慧才干。同时，在协调组织项目团队的过程中，还培育了团队合作能力。

表 3-1　项目制负责人活动表

活动名称	项目名称	主要内容	负责人职责
"双十一"淘宝商城活动	"双十一"俱乐部	班级淘宝网上商城商品促销	班级网店营业运作；店面装修、商品准备、售后服务、线下商品买卖组织
贸易节	集客船长	现场商品大买卖	营销策划方案、网店设计、商品采购、工商税务、商品包装导购、店铺形象设计、客服

续　表

活动名称	项目名称	主要内容	负责人职责
技能节	技能手	网页设计、网站建设、商品广告设计、电脑小报、时政竞赛、数独比赛等	各项比赛的参赛人员选拔，参赛选手技能练习督促，提醒参赛注意事项，收集参赛心得、照片等。
跨年迎新活动	新年诗会	诗歌朗诵	音乐背景制作、舞蹈编排、PPT制作、视频合成、摄影录像、新闻报道
文学沙龙	为了理想光芒	交流读书心得（一般是指共读的书）	书目选择、方案策划、主持选拔、情景模拟道具采购
篮球比赛	王者7班	篮球比赛	挑选队员组队参赛，制定比赛战略，协调应对赛时突发战术战略情况，视频制作与照片拍摄

项目负责人制操作简单、方便，实效性高。活动来了，招标组建；活动结束，自动解散。同一个学生，在这个项目小组里是负责人，在另外的小组里是组员。它的灵活、机动刚好弥补了小组自治的固定化、程序化的不足，是小组自治的有力补充。

"三制"班级管理模式，让班级变成了真正意义上的社会模拟场。在与他人的积极互动中，学生形成了合理的行为方式和思维习惯，并且在处理个人与集体、团队和社会的关系时，厘清了规则和创造、权利和义务的关系，既张扬了个性，又完善了性格。无论是学校贸易节还是双十一实战体验，书香班的学生总能在项目负责人的带领组织下捧回一张张奖状。小组自治的体制创新，动员起班里每一个学生。动起来，自信起来，自我管起来，成为学生的具体行为准则。每学期学校日常行为规范五项考核评比，基本上每周都能拿到小红旗。自治化管理模式成为学校班级管理的示范。

书香班的管理组织

对于民主，当下中职生的现实情况是，绝大多数人处于启蒙甚至一片空白阶段。班级事务上，他们习惯于被安排。很多时候只知道"我要去这样做"，为什么要这样去做，这样做的背后有什么原则、理念，从来不去或者说很少去思考。因此，培养中职生的民主能力，提高中职生的民主素养，让学生学会民主讨论、民主表决、民主协商是班级管理的重要任务。为此，要在班级中构建专业的民主议事机构，系统地对中职学生进行"专业"培训。下面是我的思考和行动。

民主议事会

民主议事会,顾名思义就是研究民主议事的组织。研究的主要目的是让学生了解民主议事的概念、内容、原则以及民主议事的流程。

民主议事的概念和内容

(1)概念

在班级管理和建设发展中,班级全体成员对班级影响重大的事件和活动,进行集体商讨和集体决策,达成共识后付诸行动的一种班级活动。民主议事是一种集体智慧的表达和展示。

(2)内容

制订班级规章制度、选举班干部、评比校级以上先进、推荐国家奖学金获得者、开展班级重大活动、决策重大事件等。总之,关乎班级发展和学生发展的重大事件,都需要班级议事。

案例:

书香班班名的民主议事

第一步:每个人在"我给班级取的温暖的名字是_____"后面用文字解释理由,不少于3条。

第二步:小组内讨论分享后进行推荐、修改。

第三步:组长代表小组,进行全班分享。

第四步:全班集体讨论,整合修改,最后达成共识。

  班名书香班:读书是每个人的需要;书中自有黄金屋,书中自有颜如玉;腹有诗书气自华;书香班,名字朗朗上口,通俗易懂,雅俗共赏;书香班的学生是最美的,走到哪都能与众不同。

民主议事的原则

  班会课时间,书香班对议事原则进行了讨论,最后达成了共识:每个人如果只站在自己立场,考虑个人得失,民主议事就不会民主;每个人的权利和义务是相辅相成的,没有权利就没有义务,同样,如果只有义务没有权利,义务就成了一句空话。所以,理性思考,客观判断,内心风清气正,不谋私利,是民主议事的最根本原则。

民主议事的流程

  我和学生们在参考《罗伯特议事规则》相关内容基础上,结合班情、学情进行了整合归纳,见表3-2。

表3-2　民主议事流程表

1	案例动议	首先讨论"怎么办",接着商议"做不做"
2	议题陈述	围绕议题,简明扼要进行陈述
3	讨论辩论	遵守四大纪律: ①文明礼仪:就事论事,杜绝人身攻击 ②紧扣议题,不东拉西扯,跑题偏题 ③限时间,限次数。每个人发言不超过2次,每次发言不超过2分钟 ④发言内容完整,不得打断他人发言
4	表决	全班投票
5	宣布结果	当场唱票,宣布结果并进行公示

班级大会

对于学生而言,民主意识、民主能力的激发和培养,不是阅读几本书、背诵几条宣传标语就能实现的。它一定是扎根学习生活,借助具体的民主议事实践活动,在参与体验中协商对话、思考感悟而习得。所以,创设情境对话是提高书香班学生参政议政能力的关键。

班级大会是民主议事的组织机构,对书香班最重大的事务诸如制订班规、调整班委等班级大事进行全员讨论、交流、辩论,以期达成共识。

案例:

班规内容越详细越好吗

大会主持人议题陈述:"制度是秩序的保证。通常情况下,没有制度保障的班级,要么成为专制和极权的温床,要么成为温柔的乱班。没有制度就没有班级的发展。规矩是每个班级的必需。那么问题来了,我们需要怎么样的制度?翔实具体还是粗放宽泛?"

方家钰同学说:"我希望班级日常行为管理制度内容少而精。我们是成长中的人,我们经常会不自觉地犯错误,我们是在错误中成长的。很多时候,事无巨细的制度反而'逼'我们奉行行为自由主义,凡事自以为是。"

方家钰的发言,马上引来了陈文相的反对意见:"我觉得,班规还是详细为妙,凡事有法可依。哪些该做,哪些不该做,一目了然。"

陈郑钧当即提出了反对意见："我觉得如果条条框框太多,非但记不住,还会心生反感。其实哪些该做,哪些不该做,我们还是知道的。只不过有时候,冲动了,犯迷糊了,违规了。事后我们自己也挺后悔的。如果你非要用班规来惩戒我,我是会逆反的。"

紧接着,郭文红发表了自己的看法："太多的条条框框等于没有制度,没有规矩。因为这也不行,那也要扣分,我索性不要分数了,你尽管扣。那请问这个班规还有意义吗?"

郭文红话音刚落,王晓帅站了起来："现在的人都喜欢苗条,瘦身。我觉得我们的班规苗条些,简单些,多好! 我们的校训之一:铁的纪律。我觉得只要我们遵守几条'铁的纪律'就可以,其余的,如果不小心犯错了,简单批评几句就可以了,毕竟识相的人还是占大多数的。"

讨论持续了30分钟,学生们的观点基本表达清楚了。最后,全班同学民主投票,通过了"三大纪律,八项注意"的议案。班级开始起草、制订议案。

第二次班规大讨论的时候,主持人出示了"三大纪律,八项注意"的议案。

"三大纪律"

①不斗殴欺凌

②不扰乱课堂

③绝对尊重老师

"八项注意"

①按时到校,不能迟到

②手机按时上交,不能撒谎

③教室不用餐,不吃重气味的食物

④遇事请假,不旷课

⑤按时完成作业,考试不作弊

⑥文明礼仪,不辱骂同学

⑦爱护图书,不损坏占有

⑧心思单纯,男女交往不过界

李小强发表自己的看法:"我反对三大纪律中的第③条。老师说错话了,做错事了,难道我还要尊重?我是不会尊重的。"

王杰提出了反对意见:"这个尊重大概是说尊重老师人格吧。就是不要和老师顶嘴,不要谩骂老师,私底下好好沟通。"

顺着学生们的表达,我谈了自己的看法:"老师也是人。是人难免会说错话,做错事。但是,作为学生,不应该辱骂老师,在网上对老师进行人身攻击。你对老师有意见,课后可以来找我,沟通的大门时刻向你敞开。我虽然可能不同意你的观点,但我誓死捍卫你说话的权利。我会陪着你,尽最大努力好好和老师沟通。无论如何,尊重老师,这是学生的底线。"

就这样,没有经过长时间的讨论,班规"三大纪律,八项注意"几乎全票通过。

案例：

我们欢迎怎么样的惩罚

惩罚是班规的一部分。书香班惩罚班规的制订过程也是班级全体成员民主议事的过程。我们发现，班级规章制度在执行过程中，出现了执行力缺失和执行得被动艰难的情况。经过反思和总结，执行不力主要有以下原因：班规内容没有与时俱进，基本上只是照搬先前的老班规；班规的制订过程没有民主议事，基本上由班主任和几个班干部讨论决定。总之，班规缺乏群众基础，因此难以落地。

"我们欢迎怎么样的惩罚"主题班级大会如约而至。

主持人进行议题陈述："我们的班规在执行过程中遭遇了有法不依和执行艰难的情况。今天，我们召开班级大会，就我们需要什么样的班规进行民主议事。大家本着主人翁的态度，踊跃发言，真诚表达。"

主持人话音刚落，学生们便开始热烈讨论。

张碧陈说："我很讨厌原先的班规惩罚的。扣分，扣分，总是扣分。我要是在乎分数，我就不会来职业学校了。再说，这个德育扣分有什么用？"

王珊紧接着说："我觉得我们今天讨论的不是要不要扣分的问题，而是怎么惩罚才有用的问题。我觉得，那些老是迟到的同学，让男生涂口红，让女生反穿衣服挺好的。"王珊话音刚落，全班一阵爆笑，接着是掌声四起。

"可以让他介绍一本电影,用 PPT 的形式";"可以唱儿童歌曲《劳动歌》";"可以让他反穿衣服";"可以让他替同学买早饭"……大家脑洞大开,各抒己见,讨论热烈。就这样,经过班级大会议事,新的班规惊艳亮相。

新惩罚班规是集思广益,加强沟通后,相互理解以及合作式的集体决定,是基于程序和讨论规则的民主协商。(详见本书第 105 页电商 177 班"可量化班规(二)")不同于以往,新的班规有趣、有味、有料,面目清新可爱,操作简单,执行度高。以往那种严肃、压抑、愤懑的情绪,在有趣的班规面前,迅速逃离。因为惩罚班规是"自己"制订、"自己"承诺的,因此执行起来毫不费力。

关于班规的两次民主议事,是班级同学认识民主、实践民主的启蒙。民主议事其实就是把班级事务的话语权交给学生,各项规章制度、班级活动方案等由学生讨论。学生们唇枪舌剑,争论不休。他们在观点的叙述中,呈现自己的价值观;在和同学的辩论中,厘清自己的价值观;在最后的价值观表决中,确立自己的价值观。民主议事,常常会"吵吵闹闹"。但是,这样的吵闹非常有价值和意义。它能帮助学生学会思辨和厘清,还能帮助部分同学认识到,面对"利益"时,要学会妥协。

我们的圆桌会

书香班的"我们的圆桌会"类似于杭州电视台的节目《我们的圆桌会》。如果说班级大会是全员沟通,平等对话,那么"我们的圆桌会"就是把具体并且比较重大的事项当作议题,通过层层剥茧的方式,把议题谈深、谈透。参会人员具有代表性:具体事件的当事者、与该事件相关联的人(包括班主任、老师、家长),以及通过抽签、报名等方式主动要求参与的无关联者。

案例:

遭遇意外情况,要不要处罚

主持人议题陈述:"徐大勇同学上学路上遭遇交通堵塞。为了避免迟到,他从公交车上下车,徒步走出堵塞区,打车赶到学校。可是,还是迟到了2分钟。气喘吁吁、满头大汗的他,面对值周班长的一纸罚单,心生不满,当即对班规提出了质疑。徐大勇认为,迟到不是他本人主观意愿造成的,而且他为了不迟到,也竭尽了全力。"

议题一抛出,大家七嘴八舌,讨论热烈。最后,大家的矛盾聚焦于这个问题:非主观愿望,并且也尽自己最大努力的迟到,算不算迟到?

张宇婷说:"我觉得应该算。迟到就是迟到,没有任何借口和理由。"

陈万年说:"我觉得应该算。因为一旦有理由可以不算迟到,避免处罚,那么有更多的同学会找出各种理由逃避处罚。破窗效应给我们的反思,永远不过时。"

于松林说:"我觉得应该在堵车的时间上给个界定。堵车1小时以上,不应该算迟到。当然要保留证据,比如拍照、第一时间打电话给值周班长等。"

吴天龙说:"我觉得不应该算。惩罚不是目的。制度是死的,人是活的。制度太教条了,我觉得没有人情味。"

吴天龙的发言引发了大家的议论高潮。

蒋小贝说:"制度本身就是死的。如果这时候讲人情,就把法和情混淆了。法不容情的。"

颜佳说:"我觉得,不可抗力之下的迟到可以不处罚。比如,遭遇暴雨、冰雹、洪水等。生命高于一切。"

李丽说:"大家投票吧,少数服从多数。如果大家都认为不算迟到,就不算迟到。"

张涛说:"多数人的意见一定是对的?历史上哥白尼、伽利略为什么会死?那是多数人对少数人的暴政啊。"

对张涛的发言,全班报以热烈的经久不息的掌声。

最后,长时间沉默着的徐大勇发言:"听了大家的各种心声,我的心情很复杂。其实认真想来,我其实是希望借这些理由逃避惩罚的。我有私心。但是,就事件本身来说,确实应该算迟到。我后来的行为,只是在努力改变迟到的后果而已。

我学到了很多，谢谢大家。"

民主讨论持续了一节课。最后，大家达成共识：除了遭遇暴雨、台风等不可抗力因素的迟到不算迟到外，其余不管什么理由，都算迟到。

这次圆桌会的民主意义是帮助同学厘清了以下这点：民主不是简单地举手，简单地投票，简单地少数服从多数。思维碰撞、理性交流、公正客观才是民主的最核心素养。

通过民主议事，书香班学生的民主意识得到提高。在问题探究、结论质疑、概念厘清等思维碰撞中，学生看问题的视角多维了。面对问题，思维不再线性单一，不再自以为是、自我中心，对人性有了深刻的洞察，对他人尊重而包容。民主交流、民主协商时，变得日渐理性；民主选举、民主评议时，又能做到公平、公正、公开。学生体会到，原来民主不是简单地少数服从多数，民主也不是简单地投票表决。比如，曾经参与"算不算迟到事件"讨论的张扬说："我总觉得，民主是个高大上的事务，和我没有关系。民主议事以来，我参与了，思考了，也成长了。社会的文明和进步，和每一个人都有关，那么，从今天起，我就做一个民主社会的好公民吧。"

书香班的管理制度

"二战"期间,美国空军降落伞的合格率为 99.9％。从概率上来讲,剩下的 0.1％ 意味着每一千个跳伞的士兵中会有一个因为降落伞不合格而丧命。军方要求厂家必须让降落伞的合格率达到 100％。厂家负责人却说他们已经竭尽全力,99.9％ 的合格率已是极限,除非出现奇迹。后来,军方改变了检查制度,每次交货前从降落伞中随机挑出几把,让厂家负责人亲自跳伞检测。奇迹真的出现了!降落伞的合格率达到了 100％。原本以为不可能的事情,只要修改了制度,不可能就变成了可能。不同的制度催生出不同的结果,这就是规则的力量。

班级制度是规范、约束以及引导班级成员的行为规则的总和,简称班规。班规的最终目的:通过他律帮助学生走向自律,最终实现自我管理。

班规是班级文化制度建设的重点。建设书香班,自然离不开班规建设。联系班级学生的实际,建设一套既实用、规范、有序,又民主、活泼、受学生欢迎的班规,是书香班建设的重要目标。

班级公约

班级制度可以说是班级公约的具体化表达。一直以来,班级公约常常以"不准""严禁""禁止"等严肃的面孔出现,语言措辞激烈、强硬,缺少人文关怀,而且充满了训诫用语,把学生放在了教育的对立面。更重要的是,很多班级公约没有班级特色,内容几乎一模一样,不外乎迟到、早退、旷课、上课纪律、作业情况等,放在任何一个班级都适合。我的理解是班级公约应务虚,重在引领性和启发性。它的重点不在执行力、可操作性,也不在细致和全面,而在于高站位意义上的导向作用。班级公约不是立足于"管"的层面,而是立足于"理"的层面,侧重在精神层面的引领。

书香班的班级公约,经过了三个阶段的讨论和磨合。

首先,确定班级公约的内容:日常行为规范、仪容仪表、道德修养、礼仪文明、公德要素、民主素养。

其次,确定班级公约的流程:第一,全班同学根据公约内容范围,自由撰写班级公约(每人至少8条)。第二,在班主任组织下,对提交的公约内容进行归纳总结和提炼,确定公约初稿。第三,班主任组织班干部和语文课代表,本着"尽可能体现温暖而有文化的书香气息"的原则,润色公约的语言文字。

最后,举行一个简单的成文仪式。班级公约像班级宪法一般,被宣传委员隆重地张贴在班级的后墙上。

书香 147 班班级公约

①爱上阅读,熏陶你我,书香最美

②诚信戒欺,崇实耐劳,责任担当

③条理生活,说话分寸,教养自律

④仪容仪表,青春阳光,规范大方

⑤尊重老师,友爱同学,团结协作

⑥文明上网,情绪管理,知书达礼

⑦民主讨论,理性表达,客观公正

有了班级公约,就有了实质上的班级行动指南。这样的公约,不落俗套,且朗朗上口,既有行为上的规范要求,又有精神层面的培植和滋养,更有学校专业特色的职业素养。可以说,当这份公约张贴在教室后墙上以后,它不仅美化了墙壁,也美化了学生的心灵。当然,班级公约最大的价值要内化到学生的行为之中,升华为个人素养品质。

可量化班规

班级管理需要规章制度，但是制定规章制度的最终目的是不要规章制度。如果学生能把规章制度都内化为日常生活中的自觉行动，那是教育的追求，也是教育最美好的模样。以我的二十多年班主任履历来看，规矩不是越多越好，尤其对于中职生而言。有时候，规矩越多反而会没有规矩，比规矩更重要的是执行。

书香班的班规有两套：一套是可以量化的；一套是记忆背诵熏陶内化的。可量化的班规遵循由繁杂细碎到简单线条的操作过程。高一明规则，养习惯，所以详细具体。高二，简单线条，讲底线。这样就避免了班规过细、工程浩大，执行监督费时费力的问题。高三，基本可以不用关注规则。不可量化的规则，贯穿整个高中阶段。班规"两条腿走路"的最大价值是暗示和引导，可量化最终是为了不可量化。

在书香班（高二），我用一节课的时间，对《中学生日常行为规范》以及学校层面上制定的规章制度进行了详细解读，让学生对中学生"应知应会"的常识性规矩了然于心。然后，我和学生一起制定了可量化班规。

书香班班规，美其名曰"三大纪律，八项注意"。原版"三大纪律，八项注意"内容简单明了、接地气，极易被广大官兵接受，充分体现了大道至简的特点。本人活学活用，经过广泛征求意见和学生讨论，制定了书香班的"三大纪律，八项注意"（内容详见本书第85—86页）。

有专家说，班主任要善于把自己的憎恶喜好转化为班集体的舆论。我深以为然。所以，我在解读"三大纪律"的时候，慷慨激昂，掷地有声：斗殴欺凌是痞子、恶霸行为，与学子形象严重不符。"是可忍，孰不可忍"，斗殴行为当如过街老鼠，人人喊打。这是书香班第一铁律。第二，扰乱课堂是对知识的犯罪，害人害己，罪孽深重。第三，老师是拿来尊敬的，每一个老师都需要被尊重。尊重老师就是尊重知识，尊重自己。

"八项注意"的内容更多是来自班规建设中暴露出的问题行为。学生会因为贪图方便，带早餐进教室；会因为好逸恶劳，逃避值日；会因为没有规则意识，随意请假或是借请假之名行逃课之实；会因为厌学懒惰，不按时完成作业。文明礼仪、爱护书籍、男女交往单纯都是合格中学生的基本要素。可以说"三大纪律，八项注意"是书香班学生的底线教育。

不可量化班规

书香班的不可量化班规为《论语》班规和修身宝典。古语曰"半部《论语》治天下"，半部《论语》是否可以育班级？

（1）《论语》班规

《论语》中诸如"君子周而不比，小人比而不周""君子耻其言而过其行""己所不欲，勿施于人"等名言警句比比皆是，它言简意赅，朗朗上口，很适合做高中学生的规矩。基于班级学生文言功底的薄弱，本人利用每天晨读时间、午间一刻时间，用诵读《论语》取代了德育说教。这样做往往事半功倍、一箭双雕。以论语中的语句做班规不是为了作秀，也不是为了应景书香班级。它是对传统文化的继承和发扬，是对班级精神内涵的解读，也使班规的工具性得以升华。

书香班《论语》班规

①质胜文则野，文胜质则史。文质彬彬，然后君子。

②见贤思齐焉，见不贤而内自省也。

③入则孝，出则悌，谨而信，泛爱众，而亲仁。

④君子周而不比，小人比而不周。

⑤人而无信，不知其可；往者不可谏，来者犹可追。

⑥朝闻道，夕可死矣。

⑦知之者不如好之者，好之者不如乐之者。

⑧敏而好学，不耻下问，谓之"文"也。

⑨君子耻其言而过其行。

⑩知者动，仁者静，知者乐；仁者长于寿，知者也乐于思。妙哉，乐也！

⑪十有五而志于学，三十而立，四十而不惑，五十而知天命，六十而耳顺，七十而从心所欲，不逾矩。

⑫己所不欲，勿施于人。

⑬事不成，则礼乐不兴，礼乐不兴，则刑罚不中。

⑭士不可以不弘毅，任重而道远。仁以为己任，不亦重乎，死而后已，不亦远乎。

⑮仁者不忧，智者不惑，勇者不惧。

⑯君子义以为上，君子有勇而无义为乱，小人有勇而无义为盗。

⑰三人行，必有我师焉。择其善者而从之，其不善者而改之。

⑱切切偲偲，怡怡如也，可谓士矣。朋友切切偲偲，兄弟怡怡。

⑲人不知而不愠，不亦君子乎？

⑳君子怀德，小人怀土，君子怀刑，小人怀惠。

㉑子绝四：毋意、毋必、毋固、毋我。

㉒不患人之不己知，患不知人也。

（2）修身宝典

除此，班规还是为人处世修身的利器，是培养你成为受欢迎的人，成为知书达礼的人的重要举措。青少年时代的行为习惯往往能影响人的一生。好习惯一辈子受用，班规是让每个学生成为淑女、成为绅士的生活习惯。

书香班修身宝典

①仪容仪表整洁干净，行走、坐姿不驼背。

②公共场合有公共空间意识，不大声喧哗，不做影响他人的事。

③别人和你说话时，保持倾听，不打断不插话。

④作息有规律，按时一日三餐，晚11点前就寝。

⑤经常去图书馆和运动场。

⑥和异性坦然相处，心地单纯，拒绝婚前性行为。

⑦生活节俭，没有特殊情况不轻易向他人借钱。

⑧文明上网，娱乐方式健康文明。

⑨脸上保持微笑，礼貌待人。

⑩保有感恩、谦逊之心，能经常说对不起、谢谢你。

⑪以读书为荣，以努力为傲。

⑫勇于担当，对自己的言行负责。

书香班的管理制度的执行

在我们身边,不难发现有这样一种班规:上学迟到 1 次,扣德育量化百分考核分 2 分,迟到 2 次,扣 5 分;上课睡觉或说话,被老师点名批评,扣 8 分。这样的班规执行起来,效果怎么样呢?你不妨去看看张贴在教室墙上的百分考核量化表,很多学生被扣得负债累累,甚至倒扣 200 多分。被倒扣分数的学生,知耻而后勇了吗?进行一番观察和访谈后,你会发现,被惩罚的学生,面对墙上的警示,出奇地淡定。他们不慌不忙、有条不紊地我行我素:你扣你的分,我违我的纪。在这些学生眼里,分数只是个分数,仿佛和他根本没有关系。

还有一种班规,也比较有意思。迟到 1 次,罚打扫教室 1 天;迟到 2 次,罚抄英语单词。这样的班规,执行效果又如何？经过观察,你会发现,学生基本上很适应这样的惩罚。假如你和他交流,你会发现,学生对自己的迟到行为振振有词,他还会轻描淡写地说:"迟到有什么了不起啊？打扫好教室就可以了,抄写完英语单词就可以了。"在这些学生眼里,迟到似乎是一件合情合理的事情,

为什么会这样？惩罚的初心是为了对学生的问题行为进行惩戒和限制。姑且不论这样的初心是否实现,单从惩戒的结果来看,却走向了教育的反面,学生把问题行为合理化,因为他只要抄写完单词就可以了。长此以往,学生就会在惩罚中走向麻木。

规矩不是贴在墙上的君子,也不是取悦他人的规训。马云曾经说过,三流的点子加上一流的执行,强于一流的点子加上三流的执行。制度固然重要,让班规有效执行更重要。正所谓"胜在制度,赢在执行"。

要有意义,也要有趣

（1）班规要有意义

回归到刚开始的扣分和值日生案例。我始终觉得惩罚应该让学生感到的不仅仅是在被惩罚,更重要的是让他感觉到自己是在承担做错事之后应该承担的责任。这是班规的意义。显然两个案例都没有达到班规的目的,为惩罚而惩罚,班规变成了一种形式主义,这也是一种执行力的丧失。

再来看一则学生反思。

学生反思：

我当助理了

我又迟到了，按照班规，我要被惩罚。我选择了当老师助理。于是，我开始干活。

第一个任务是还音箱。我抱起音箱咚咚咚跑到物业，完成了任务。

第二个任务就比较麻烦了，还要弄脏手哪。因为有两盆植物枯死了，我要把它们清理掉。花盆里泥土已经干了，我抱着它们从三楼走到一楼，弯下腰蹲在垃圾箱旁边，徒手把泥土从盆子里一点点抠出来，再倒进垃圾箱。之后又回到楼上，走到水槽边，把花盆放进去洗干净，15分钟后终于完成任务。

第三个任务是放篮球，其中有一个篮球坏掉了要扔掉，于是我从三楼跑到一楼，再从一楼跑回三楼，拿上钥匙跑步到了实验楼五楼心理辅导室，放好篮球把门锁上回来。因为要爬楼梯，回来时已是气喘吁吁了。

第四个任务是放书，我要把新发的书搬到教室里的书架上，摆得整齐而美观。等我忙完这件事，一看手表已经是5:00了，天都已经黑了呀！同学们都早已经在家吃吃喝喝玩玩手机了。

最后30分钟，我回到办公室，老师布置了最后一个任务，让我找3首古诗的音频资料。虽然老师办公室开着空调，但我还是感到有点热，一半是焦急的缘故吧，我想。在我找音频的同时，老师也没闲着，她在仔细地拖地。我想老师一定是看我太辛苦了，不让我拖地而让我找音频！老师还真是善解人意！终于熬到了 5:30，我也找到了音频，阿门！我终于可以回家了！

本来，我觉得迟到了当助理也没什么。但是，当我开始写这份小结的时候，我突然明白了很多。原来，惩罚是有意义的。首先，每天熬夜，这是缺乏责任心的表现，无论是对自己，还是对班级。其次，是男人就要学会为自己的错误买单。吸取教训，知耻而后勇。最后，老实说，当助理有点累。最重要的是推迟放学时间整整 100 分钟，真正是超级难受的事情。好吧，我想我不会迟到了！因为伤不起！总之，通过这件事情，我认识了自己。

英国思想家亨利·皮查姆说："不含教育的纠正是平庸的虐政。"（《完整的绅士》）惩罚是为了唤醒和种植。唤醒按时起床、按时到校的规则意识；唤醒勇于对自己行为担责的自律意识。种植责任感、意志力；种植"我是班级一分子，班级光荣我光荣，班级蒙羞我耻辱"的集体荣誉感。这些才是班规的出发点和归宿，也是班规的目的和意义。"我当助理了"案例中的王同学，通过体验和反思，明白了惩罚的意义，这种意义感会很快在同学中间弥散开来。这比我们老师说教、家长训诫要有效得多。最好的教育是同伴教育！

因此,制定规则前,我总要反复强调班规的意义。班规来自我们的现实生活,班规是保护每个人的自由。比如,"不在教室吃早餐"就是对你享有清新空气的自由的保护;比如,"上课违纪要罚唱歌"就是对你拥有不被打扰听讲的自由的保护;等等。班规还是为人处世修身的利器,是培养你成为知书达礼、诚信担当、有规则意识、受人欢迎的人。班规不是故意设置一个陷阱,让你往下跳。班规其实是强化你的正确行为,矫正你的错误行为。当然,这些不是我一个人在讲台上的慷慨激昂。利用微班会时间,我把这种理念贯穿到一个个小小的故事里。微班会,其实就是大德育。

(2)班规要有趣

班规执行不下去,有一个重要原因是班规脱离学生的生活实际,凌驾于学生的生活之上,并且充满了训诫、强制和服从。作为规矩,强制性、服从味在所难免。可是,它们可以"洗心革面",比如,班规的语言表达可以变得温情,惩罚可以变得有趣。

通常情况下,班规总是以一种惩戒的严肃面目出现,大家似乎习以为常。因为是惩戒,处罚措施往往采用单选题的方式。单选,实际上意味着,不管你接受不接受、喜欢不喜欢,都必须这样。中学生正处于叛逆期,很多时候,越控制,越叛逆。处罚措施多项选择,能有效地减少其对惩罚的阻抗,多项选择还意味着,我做主,我可以。这种对事情的掌控感、自主感、力量感,最终帮助学生在矫正问题行为的同时,增强心理的安全感。同时,多项选择的过程,也是思考、判断、权衡、厘清的过程,这种过程其实就是一种思维。

综合以上分析，我觉得，班规"死板单一"带来的"审美疲劳"是造成班规执行力下降的重要原因。所以，为了保证班规的有效执行，尽量让班规变得有趣一些。

有趣，就是让语言文字不再死板，而是可以微娱乐、轻调侃；有趣就是变单一选择为多项选择。以书香班的"可量化班规（二）"为例：

电商 177 班"可量化班规（二）"

1. 按时到校篇

（1）连续一周，每天第一个到教室门口迎接每一位老师和同学的到来，并亲切握手。

（2）为班里第一个到校的同学写三句赞美的话。

（3）到兄弟班引吭高歌。

（4）衣服反穿三天。

（5）做班主任的私人助理。

2. 文明礼仪篇

（1）每天早自修前，到值日班长处，有感情地背诵书香《箴言》五遍。

（2）制作微班会课件。

（3）介绍一幅名画、一首交响乐或者一部电影。

（4）晒丑照，男生抹胭脂。

（5）不穿袜子穿球鞋两天。

3. 值日作业篇

（1）为该科老师服务一周（如上课铃响站在教室门口恭迎老师，帮老师拿试卷或打印试卷）。

（2）延长放学时间到五点。

（3）捐书一本。

（4）背诵古诗词至少三首。

在这份班规中，无论是按时到校篇还是文明礼仪篇，或者是值日作业篇，语言都不那么"面目可憎"："引吭高歌""私人助理""抹胭脂""衣服反穿"等，既带有小幽默又夹杂娱乐味。另外，对违纪行为的惩罚都是多项选择题。学生可以根据自己的喜好、执行力等具体情况进行"积极主动"的自由选择。

来看一则学生反思。

学生反思：

我在纠结中选择

我不小心又迟到了。天！陈老师没有批评我，只是让班长送来了"罚单"；班长也没有逼我，而是让我自由挑选。"到兄弟班引吭高歌"，我是不会选的。因为我知道我唱歌太难听了，妈妈总是笑我唱歌像黄牛叫。这太丢人。还有，"做班主任的私人助理"，我也不会选，因为要被留学到下午5：30。推迟放学时间100分钟，这简直是要了我的命。"连续一周，每天第一个到教室门口迎接每一位老师和同学的到来并亲切握手"，这一条我吃不消选，因为我们班第一个到校的同学一般是金培亮，而金培亮到校时间一般是7：10左右。我6：30起床，坐地铁30分钟，走路15分钟，吃早饭10分钟，如果要赶在金培亮前面，我得6：10起床，大冬天的，我爬不起来啊。所以，能选的只有"衣服反穿三天"了。虽然衣服反穿，做广播操时、排队打饭时，还有体育课打篮球的时候，我会很显眼、很尴尬，面子丢尽，但"里子"总算保住了。

哎，说来说去，都怪自己不好。对比一下金培亮，我很惭愧！我在想，为什么金培亮能起来，我不能呢？还有，班长说，不能为班级争光，起码不能给班级添麻烦。我们班是先进班集体，我却没有给班级争光过，我很惭愧！

看来，迟到不是小事情。它让我认识了自己，并且开始思考一些东西。

总之，让班规有趣，不是停留于娱乐肤浅层面上的。最重要的是，班规要立足于教育。不能产生教育的班规，越有趣，越肤浅。

手机管理是当今班级管理绕不过去的话题。书香班的手机管理和大多数兄弟学校一样：学生上学时，手机统一被"没收"，放到讲台边保险柜里；专业课上需要使用手机时，或者放学后归还手机时，由班主任亲自发放给学生。如果学生违规使用手机，手机违纪使用一次，班主任代为保管一周；违纪使用两次，代为保管一个月；违纪使用三次，代为保管一个学期。书香班班规的有趣之处是取回手机充满了"仪式感"。

《小王子》里说,仪式感就是使某一天与其他日子不同。因为不同,容易产生特别的记忆。书香班手机返还流程包括四大块内容,分成 5个阶段,既有理论学习,也有"劳动改造",还有书本滋养以及感悟心得。每一块内容的学习,都有专人负责对其进行评价和反馈。最后的"凤凰涅槃"和"感恩"环节,仪式感扑面而来。无论是对违规使用手机的学生,还是对另外的同学,都是一种教育。

表 3-3　电商 177 班手机申请返还流程

流程序号		完成步骤	学习情况	帮教人签名	备注机主信息
观念进修	1	班主任思政教育			手机被收缴时间
	2	无条件接受任课老师的谆谆教导			
	3	到图书角借一本书阅读,写至少 500 字的读后感			姓名
劳动教育	4	担任班主任私人助理 3 天			手机号码
	5	做值日,享受"劳动教育"			
心情轨迹	6	提交与电子商务专业有关的作品至少 2 项			手机签领
	7	提交前 6 项活动的感悟心得,每项不少于 100 字			
	8	提交《我对手机返还事件的思考》,不少于 500 字			
重获新生	9	我保证! 我宣誓!			手机签领时间
感恩		感谢你的理解,感谢你的支持,感谢你的付出。请记住:你是什么,你的班就是什么;你是什么,你的校就是什么;你是什么,你的国就是什么。电商 177 班因你而书香,因你而精彩!			

书香班的手机管理成效显著。"走一步，再走一步"式的激励教育，让学生在努力中看到手机返还的希望。多形式、多维度的惩罚，本质上都不是简单的惩罚，而是一种深刻的教育。最后的"感恩"环节，充满了仪式感，帮助学生在惩罚体验中提升了思想认识。

民主、人文

班规的有效执行，除了有意义和有趣，最主要的是班规产生的过程。如果班规的内容不是外部的强加，而是经过民主讨论，是自我的选择和约定，那么，这样的班规学生会从内心深处接受它，继而喜欢它。所以，班规有效执行的前提是"民主"。

（1）民主

书香班的班规出台，可以说是一次民主启蒙过程。首先，我深入学生中间，广泛听取学生的意见建议。我下发了两张调查问卷：当你觉得你表现好的时候，希望得到怎么样的奖励？当你做错事的时候，如何惩罚自己才有效？接着，我回收问卷，本着"尊重差异，力求多元"原则，进行归纳整理，梳理出班规的提纲和范围。完成了班规的提纲和范围，意味着班规的民主化进程万里长征走完了第一步。接下来的讨论，更加透明公开，更加集思广益。讨论分为四个步骤：

第一步，就班规提纲范围、主要内容，组织学生进行讨论。汇总讨论意见和建议后，我和班干部一起，再讨论汇总。

第二步，班干部将讨论汇总后的班规整理成书面材料，下发到各书香小组，当众解读后，要求以书香小组为单位再进行讨论。最后，班长汇总各小组意见,全班表决通过。

第三步,我和班干部拟定班规初稿,张贴教室德育墙,试行一个月。

第四步,试行期满,定稿成文,组织学生签名确认,张贴在教室德育墙。

书香班班规从一开始就广泛地征求班级同学的意见建议,到最后,将意见汇总成文张贴,整个过程是透明的、民主的。它充分考虑了民意,体现了民意。这样"取之于民,用之于民"的班规,带给学生的不是限制、约束,而是自由。

另外,书香班班规充分调动了班级同学的主人翁精神,强调师生双方共同在场、共同参与,体现沟通对话精神。它体现的是班级同学每个人的利益,体现的是集体的意志,而不是班主任或者班干部们少数人的意志。

特别要注意的是班干部的专权问题。一支强有力的班干部队伍对于优秀班集体的形成,功不可没。但是,如果因此助长了班干部的官僚意识、权力欲望,我认为这是班主任自身管理理念的错位。有些班级,班级管理井井有条,但是班长、纪律委员等班干部,骄横跋扈。他们依仗着手中的权力随心所欲地批评同学或表扬同学,颐指气使,而那些"习惯盲从的人,只能做他人的奴隶"。

当班干部不是满足权欲,也不是彰显自己的身份特殊,其实班干部的主要职责是服务。几十年前潘光旦的那句"凡是愿意做共和国公民的学生,只要大家不愿争权而愿服务,不愿凌人,而愿治己,不愿对抗,而愿协助,不愿负气,而愿说理,学生就能关心公众幸福,承担共同事物,明辨公共是非",至今还响彻耳边,促人警醒。

所以,我认为在管理的过程中,应该对班干部有监督机制。最好的监督员就是班级的全体同学。班级实行全员管理,人人都有权,人人都要受到班规的保护和制约。有监督才能有民主,有民主,班规才不至于半途而废。

(2)人文

保证有效执行,还要有必要的人文关怀。人文关怀犹如南风效应。北风和南风都要使人脱掉大衣。北风凛冽,寒冷刺骨,结果行人为了抵御北风的侵袭,便把大衣裹得紧紧的。南风则徐徐吹动,顿时风和日丽,行人因为觉得春暖上身,始而解开纽扣,继而脱掉大衣。实践证明,南风徐徐吹动的"柔"比北风凛冽刺骨的"刚"效果更佳。南风效应给班级管理的启示是:在处理违纪事件时,一定要特别注意讲究工作方法,要尊重学生的人格和自信心,相信学生都有一颗向上、向善的心。

书香班的班规也有一定的温度,体现必要的人文关怀。学生毕竟还是孩子,他们是成长中的未成年人,如果没有一定的精神温度,受罚的学生个体心灵必然受到伤害。更重要的其他同学就会养成一个凡事斤斤计较的脾气,顾及小事而忘了大气,处处讲究而忘了宽容。制度虽冷,但我们可以执行得温暖一些,让班规里有人情的味道。所以,我们除了把班规起名为"宝典"之外,在对违纪的学生进行具体的惩罚时,也考虑到例外、情有可原的情况。比如,由于不可抗力——滂沱大雨等原因迟到,经调查询问核实,学生的处罚就可以避免;比如,学生生病重感冒期间,操场跑步就可以延期或者减少跑步圈数,甚至可以免跑。

人文关怀的另一个体现是班级里那些"弱势群体"的权益是否得到保障。我们经常习惯于少数服从多数，殊不知，很多时候多数人是在侵犯少数人的权益。比如强制要求每个人给民工子弟学校学生捐款5元，比如利用多余班费给老师买纪念品。班费是整个班级的，也是班级每个学生的，如何支配这些钱，应当充分尊重每个学生的意见。我想，这样的班规执行起来，学生才愿意接受，才能从心底里认可班规，支持班规。

人文关怀，还应该包括建立申诉机制。这是为了避免"冤假错案"的发生，也是为了保护每个人的权利："我不同意你的观点，但誓死捍卫你说话的权利。"书香宝典尤其是惩罚宝典，并不是施行了惩罚就意味着结束。班规最重要的不是管理而是教育。如果本末颠倒，那将是对学生内心诉求的漠视。所以，书香班有一条书香规定：对惩罚措施不服，在三天内可以上诉到班主任处，要求班主任重新审议。超过三天，处罚有效。虽然看起来这是一件很小的事情，但这也是一件很大的事情，因为它是民主的细节。

走向完美

这个世界上没有完美的人，同样，天底下没有哪个班级的规章制度是完美的。对于班级制度，我们力求完美，并且踏实行走在走向完美的路上。

（1）可持续性

班规是班级的"法律"。所以，班规一旦公布实施，在贯彻执行上务必要有一定的可持续性。一方面,朝令夕改的班规,会失去"法律"应有的公信力。另一方面,学生适应班规也有个过程,需要一定的时间。所以,班规应保持严肃性,忌随意更改。遇到非改不可的情形,最多的情况是个别细节的微调整。

特别要说明一下,在执行班规过程中,如果出现了比较有影响的事件,特别是负性事件,却没有班规可以去执行的"真空时刻",一定要在第一时间对班规进行改进。改进也要走程序:首先,召开班会,提出问题,听取意见;接着,班干部修订条例;最后,在班级内公布,如三天内学生没有异议,执行。

（2）逐步完善

七人分粥的故事,家喻户晓。

①负责人分粥。通过抓阄选出负责人,让他负责分粥。结果,负责人给自己分的粥最多。于是,抓阄重新换负责人。可是,没过多久,大家发现老问题依然存在——新负责人碗里的粥还是最多的。

②轮流分粥。一周七天,每人一天,刚好。但是,每个人都觉得,只有自己负责分粥的那一天,自己的肚子是饱的,其余时间都在挨饿。

③道德楷模负责分粥。好景不长,道德楷模没有克服人性的弱点,他暗暗给那些巴结讨好、溜须拍马的人多分粥。

④组建分粥委员会和监督委员会。原本以为有了权力制衡机制,就会公平分粥。可是,每次分粥前,双方就相互抱怨,相互指责:监督委员会指责分粥委员会分配不公,分粥委员会指责监督委员会不干正事,蓄意诬陷。分粥效率极其低下,等吃到嘴里时,粥早已凉了。

⑤轮流分粥,但分粥人最后一个领粥。从此,每个人碗里的粥平均得好像用仪器称过一样。人的本性决定人"不患寡而患不均"。对于这个平均的分粥结果,皆大欢喜。从此,七人小团体和和美美。

这虽然是个理想化的故事,但让我们深受启发:班规是在实践中不断完善的。

因此,班规并非一成不变,而要随着班情、学情的变化,不断反思和调整,否则就是僵化的教条。此外,班级由高一走向高三,班级在升级、在前进,同时,学生的意识也在慢慢升级。因此,那些侧重于强制性的低层次的规章制度要被自律性的高层次的规章制度逐渐代替。好的班规是一个不断丰富、不断完善的过程。

著名教育专家王晓春曾经说过:"一个新制定的班规,如果绝大多数人能够执行,少数人偶尔违反,个别人经常违反,这可能是最正常的情况。"(《班规"七问"》)所以,我们班主任要清醒地认识到一点,那就是,再好的班规也会遇到不理不睬、无动于衷的学生。他们犹如关汉卿笔下"蒸不烂、煮不熟、锤不匾、炒不爆,响珰珰一粒铜豌豆"。他们立场坚定,无论怎么着就是不搭理班级里的这一套。你征求他意见,他趴在桌子上睡大觉;犯规了,你要按规执法,他会不管不顾,暴跳如雷。所以,班规的作用,不是无极限的,是有限的。

明白了这一点,对于书香班的个别"熊孩子",我在努力让他们接受班规的同时,更注重个案诊疗。

科学评价

关于评价，苏霍姆林斯基有一句经典的话："在家庭和学校里，起决定作用的是公正还是不公正，这一点决定着儿童的心灵状态，决定着他的内心世界与同他在一起生活或参与他的生活的人们之间相互作用的状态。"（《美感的源泉》）的确，无论哪一种文化建设，没有评价也就没有建设。而评价的公平和公正又是建设的核心要义。

（1）制定标准

目前的中小学，对好学生的评价最有含金量、最能体现其优秀的荣誉称号莫过于"三好学生"了。因此，每到"三好学生"评比季，无论是学生家长还是老师，都十分关注。有些班主任权威霸气，大权独揽，表面上"民主投票""民主海选"，背地里，完全以个人意志为转移。这极大地挫伤了学生的积极性，同时也让教育蒙羞。书香班的"三好学生"评比，我拒绝一言堂，也不搞什么海选，我的评先理念是"让数据说话"。数据指的是平时的各项考核分数。以"三好学生"评比为例。"三好学生"参评的前提是：体育合格，考试成绩没有 C，德育量化百分考核优。在这基础上，按照各项成绩百分比计算总得分。成绩占比主要有三项：学习成绩占比 50％，班级贡献度占比 45％，同学民意 5％。一般来说，个人投票往往评印象和喜好，所以，投票数据含金量不高。但是对于成长中的学生，如果过于自以为是，没有共情他人的能力或者情绪管理能力过于薄弱，对其健康成长非常有害。所以，这个 5％ 的民调分数，只是对他起到警醒作用。保持健康的舆论环境是每一个书香学子的基本素质。因此,学生投票前,我还做了一些必要的引导工作,反复强调,就是不以自己的喜好、关系的疏远为标准,凭印象而投票。

(2)确定奖项

除了学校层面的奖项之外,书香班还有自己的特色奖项。比如"最读者"奖、"年度新闻奖"、"向日葵文学奖"。还有体现专业特色的奖项双十一突出贡献奖、电子商务人才奖等等。这些奖项的确立,几经学生讨论,反复商议,最后确定,奖品经费从班会费里开支。千万不要小看这些奖项的价值,当我用充满仪式感的形式对学生进行表彰的时候,没有哪一个学生不会认为这是他(她)成长路上的高光时刻。

最后,关于制度文化建设,我还有几点体会感悟,想在这里和大家分享。

第一,没有管理的管理,恰恰就是最高明的管理。因为对于教育而言,管理重在"理"而不是"管"。培养学生学会做人才是制度建设的目标。所以,不为制度文化建设而建设。尽量淡化管理,尽量让管理越来越少,让学生下意识的约定俗成的良好习惯越来越多,遵守规则是一种自觉而不是强制。

第二,从没有制度到有制度,建立一个够用的、适用的、好用的制度就可以了。盲目追求高大上、大而全的制度不但无益,甚至还会阻碍发展。

第三,"一个人受教育程度高低以及知识更新速度快慢对其参与意识浓度和政治行为能力具有直接影响"。如果说机制、组织是"叶",文化积淀就是"根"。根深才能叶茂。文化的力量是不教而行。无数事实证明,文化对人的约束力,远远胜过规章制度。

因此,班级管理的意义,实质是文化的熏陶。管理要轻,文化要浓。

肆

书香班行为文化建设

记得戊戌年(2018年)春节,很多人的朋友圈被一首孤独了300年的小诗刷屏:"白日不到处,青春恰自来。苔花如米小,也学牡丹开。"这首出自清代袁枚之手的《苔》,在CCTV《经典咏流传》的舞台上,被梁俊老师和他的学生小梁用吉他重新唤醒,感动了亿万中国人。梁俊说:"《苔》最初的创作动机并非为舞台,而是三尺讲台,它的教育价值远胜于那些感动。《苔》的教育价值是什么?在我看来,它的教育价值就是让我们的学生坚信:即使你卑微、弱小、不起眼,即使别人还在戴有色眼镜看你,即使你身处角落无人喝彩,你也要捍卫你的梦想,活出自己的精彩。"

我想到了我的学生。由于社会的偏见,我们的学生地位有些卑微弱小,但是我也时常清晰地看到他们那一双双渴望"开花"的眼睛。我们的学生还是发展中的孩子,他们中的绝大部分是被应试教育淘汰下来的,但和重高、普高的学生一样,他们不缺梦想。教育的目的不就是唤醒和激励吗?我极其厌恶自己成为教育技术型的班主任。我更希望自己的班主任工作能够从学生的人格健全和终身发展的高度去"高瞻远瞩"。

我拿什么"高瞻远瞩"?我想到了阅读。很多老师认为,职业学校的学生,本来就不读书,只要"管住"就是在为社会造福了。我不这么认为。阅读是思维,阅读是眼界,阅读是气质。学者朱永新说,一个人的阅读史就是一个人的精神发育史。阅读何其有力量!

中职学生也是天空中闪亮的星星,是星星就会总想发出光芒、发出热量。只是,他们暂时被灰尘蒙蔽得多了一些,成长的脚步慢了一些。

我执着地相信，阅读可以擦亮星星。

　　　　总得有人去擦擦星星，

　　　　它们看起来灰蒙蒙。

　　　　总得有人去擦擦星星，

　　　　因为那些八哥、海鸥和老鹰都抱怨星星又旧又生锈，

　　　　想要个新的我们没有。

　　　　所以还是带上水桶和抹布，

　　　　总得有人去擦擦星星。

　　　　　　　　——［美］谢尔·希尔弗斯坦《阁楼上的光》

班主任行为建设

　　作为班主任园地里的老兵，我希望我的学生们爱上阅读，让阅读成为生活的一部分。我希望"书香之美"照亮他们的青春，青春因书香而闪闪发亮。"爱上阅读，书香最美"是我的带班理念，它不是一句口号，而是我躬身践行的准则。

送你一本书

6月4日，通过提前自主招生，42个学生成了我新一届的书香学子。我想用一场简单却充满仪式感的活动，欢迎他们成为书香班的成员。

6月3日中午，我和物业的阿姨再次去教室整理了一番，调试了教室里的高清液晶电脑设备，查看了电灯、空调情况，清洁了教室地面和桌面。接着，我从办公室搬去42本我精心准备的书。42本书中有16本是高三毕业学生捐赠，26本是本人捐赠。我捐赠的书一部分来自当当网、亚马逊、博库网等线上购书平台，也有一部分是出差、旅游时购买的。我把书一本一本、整整齐齐地放在教室的讲台上。6月4日当天，我让女儿帮忙，化了一个精致的淡妆，穿了一身藏青色职业套装裙。8:00，我走进教室，捧着一本书，坐在讲台前兀自阅读。8:09，第一个学生走进了教室。他叫董军，长得又高又帅。我满心欢喜，微笑着让他签了名，并且让他选一本喜欢的书阅读。董军又好奇又有点紧张地选了《天蓝色的彼岸》，然后忐忑地坐在了第四组最后面的位置。8:10，第二个学生走了进来，她叫干佳乐，文静、羞涩、略带不自信的一个小姑娘，她签好名选了一本《苏东坡传》，坐在第一组第四个位置上，一边翻书一边忍不住好奇地偷偷观察我。8:12，第三个学生走了进来，他叫毛明，眉清目秀，阳光自信。他签好名挑了一本《肖申克的救赎》，坐在了第二组第一个座位。第四个，第五个……8:30，全班42个学生全部到齐，每个人都拿了一本书，每个人的表情都是好奇中夹杂着淡淡的喜悦。随着钢琴曲《秋日的私语》响起,我进行了 8 分钟的激情演讲。漂亮精致的 PPT,真诚热切的欢迎辞,无不撞击着学生们的心。

走出教室,学生沸腾了。他们感觉到自己已经真真切切地成了书香班的一员。他们骄傲、自豪和幸福。如今,三年了,学生毕业了,可是在无数个小小的瞬间,他(她)会想起自己步入高中班级时的情景。我送给学生们的书,他们一直珍藏着。

心田上的百合花

开学第一课可以说是高一第一学期班主任德育工作的重头戏。基于"提前期"对班级学情的观察和了解,对诸如学习动力不足、精气神缺乏、自卑感过剩、家庭教育状况差等问题,我做了深度思考,并把我的教育理念和德育计划揉入"开学第一课"中。良好的开端是成功的一半。我打开了书香班建设布局谋篇的第一篇。

第一课以三个词语"目标、向日葵、百合花"命名,教学设计以"目标激励—向日葵引领—诗歌激励鞭策"贯穿。"三部"亦是"三步",它是整堂主题班会的血肉和骨架。我给学生们发了一张名片。名片很抢眼。它以黄色做底,正面印有一朵火热开放的向日葵,向日葵下印有三行字:年龄:永远年轻;爱好:读书、旅行、话剧、电影;人生信条:我是一株

向日葵,向着光明,努力生长。名片的反面印着几句话:

> 我要开花,是因为我知道自己有美丽的花;
>
> 我要开花,是为了完成作为一株花的庄严使命;
>
> 我要开花,是由于自己喜欢以花来证明自己的存在。
>
> ——林清玄《心田上的百合花》

(1)目标

首先,我用简洁的语言,深入浅出地阐述了目标对班级建设和学生个人的意义。接着,我用班级成长路线图向学生具体展示了书香班级建设的愿景。同时,要求学生思考如何把个人成长愿景和班级愿景结合起来。最后,就班级愿景和个人愿景的相互融合,我提出了几条具有可操作性的意见和建议。

(2)向日葵

接着,对目标和愿景的实现,我用"向日葵精神"进行了诠释。向日葵是积极、阳光的代名词。我用激情的语言,叙述了"梵高和向日葵"的故事。学生在欣赏梵高一幅幅惊艳世界的向日葵作品中,深刻领悟到,学习状态犹如梵高那样,纯粹、简单而热烈。

(3)百合花

最后,我就学生普遍存在的不自信问题,借用林清玄的《心田上的百合花》,结合学长、学姐的成长故事,对其进行励志教育。

开学第一课,其实就是书香班班级精神的亮剑。目标在哪里,行动就在哪里。这堂班会课的最大价值，是给了书香班学生一个成长的方向。方向在哪里，努力就在哪里！我想，这也是开学第一课的最大价值。

阅读是一种生活方式

建设书香班班级文化，行为文化是核心。班主任的行为是班级行为文化建设的指向标。建设书香班，班主任要有对书香育人坚定不移的信念，我是这么想的，也是这么做的。

在班级里，我早自修提前 20 分钟到达教室，拿起一本书认真阅读；自修课上，学生埋头做作业时，我捧着一本书边阅读边写札记；走访实习生时，地铁、公交车上，我从包里取出书，兀自阅读；晚自习值班时，活动间隙时，我总是在阅读。我读书绝对不是作秀，也不是在学生面前的伪装，读书已经成了我的一种生活方式。

我想，你想要把班级建设成什么样的班级，你希望你的学生成为什么样的人，班主任首先要成为那样的人。这就是言传身教吧。

学生行为建设

　　顾名思义，书香班的核心要素是阅读。不仅是课堂上的阅读，更重要的是让阅读延伸，从课堂延伸到课外，从文本走向现实生活。

文化实践活动

人文行走

《苏东坡传》《北山街上的名居和古迹》是书香班的必读书目。因为苏堤春晓是西湖十景之首,北山街是西湖人文古迹的代表之一,而我们学校距离苏堤和北山街只有 20 分钟的车程,如进行文化实践活动,无论是地理位置还是人文环境,这两个地方都是上上之选。我想利用这两本书,让有字书和天地间的"无字书"相印证,让学生从书本走向生活,拓宽阅读的外延。

(1)"遇见苏东坡"

高一时,我和学生阅读了《苏东坡传》《苏东坡和杭州》。学生发现苏东坡在杭州遗爱之地不下百处。选择哪些地方最能聚焦"遇见苏东坡"的人文价值呢? 我和学生一起设计了行走路线:东坡纪念馆—苏堤春晓—三潭印月—六一泉。在活动中,书香小组各就其位,各司其职。四个书香小组各负责一个景点的导游任务,其余三个书香小组分别负责摄影、海报制作和后勤。活动中,学生们驻足东坡纪念馆,整体感知苏东坡生平;漫步苏堤春晓,充分领略西湖美景与苏东坡绝美诗词;走进三潭印月,真切感受苏东坡的政治才华和爱国爱民的赤子之心;徜徉六一泉,体会苏东坡的师生情、朋辈情。

活动后,有学生说:"作为一个杭州人,苏堤、三潭印月我去过好几次,但几乎都是走马观花。经过这次行走,我才真正理解了书里的那句'西湖的诗情画意,非苏东坡诗思不足以极其妙;苏东坡的诗思,非遇西湖的诗情画意不足尽其才'的含义。"对此,不少学生感慨"纸上得来终觉浅,绝知此事要躬行",要读懂苏东坡,除了阅读,还要去西湖走一走,唯有如此,苏东坡的形象才更立体、更生动、更鲜活。

(2)"北山街上访民国"

高二这年,我让学生阅读了《北山街上的名居和古迹》一书。北山街历史不长,但积淀着厚实的文化。北山街上西式别墅、中式庭院、庄园故居林立。民国历史中许多重要历史事件都与这些建筑物有关联。

"北山街上访民国"人文行走活动从北山街自东向西按建筑依次展开:日本驻杭领事馆—浙赣铁路大厦—"北大招待所"的春润庐—连横纪念馆—抱青别墅—秋水山庄—第一届西湖博览会工业馆旧址。七位书香小组长,一人一只小蜜蜂(扩音器),依次将北山街最负盛名的七幢建筑里的故事娓娓道来:这幢建筑是怎么建成的,它经历了什么,最后又是怎么被发现的。追寻历史,挖掘其建筑背后的故事。一个个民国的故事在"书香导游"的叙述中清晰起来:日本驻杭领事馆昭示侵略的战火点燃杭城,浙赣铁路大厦见证了解放军进入杭城……人文行走的意义在于把阅读和生活联结。阅读北山街,让学生们对近代中国历史有了更深一层的认识,还接受了生动的爱国主义教育。从起点到终点,人文行走的距离只有 1.5 公里,我们却走了 2 个多小时。学生们感慨,没想到短短 1.5 公里中蕴藏着那么多历史沧桑。

由文本到文化场景,从文字想象到实地寻访,我想让学生们知晓我们这座城市的根在哪里,从而懂得慎终追远、珍惜现在。实践证明,书香班的学生们很好地实现了人文行走的初衷。

（3）"千年等一回"

高三时候,我让学生阅读鲁迅先生的《论雷峰塔的倒掉》这篇文章。

雷峰塔是那样的著名,但是学生对雷峰塔的认识更多是停留在《白蛇传》这个民间故事里。对雷峰塔的历史价值、风景审美,对鲁迅先生在《论雷峰塔的倒掉》里所体现的对封建社会的批判反抗精神,学生往往知之甚少或是一无所知。因此我设计了这样的雷峰塔人文行走路线:夕照亭—雷峰塔地宫遗迹—雷峰夕照—8 个巨幅黄阳木雕—塔顶佛文化—《论雷峰塔的倒掉》。在夕照亭,感受乾隆皇帝的精湛书法和对雷峰塔的喜爱;在雷峰塔地宫,了解雷峰塔的历史演变,感受千年家国兴衰、历史沧桑、人事巨变;伫立雷峰夕照匾额前,感受夕照山一抹残阳,与西湖湖光山色融为一体的人间大美;在 8 幅黄阳木雕前,重温许仙、白娘子的爱情故事;仰望塔顶的舍利子,感受博大精深的佛文化。走出雷峰塔,拓展阅读《论雷峰塔的倒掉》,感受鲁迅先生对封建社会的不妥协和战斗到底的骨气。

沐浴雷峰夕照,聆听雷峰塔上的风铃声,重温白娘子和许仙的动人故事。脚踩历史真实的生活场景,真正实地寻访,感受千年历史沧桑,增添对景、对人的思考,实践证明,书香班的学生们很好地实现了雷峰塔人文行走的初衷。

新年诗会

书香班的新年诗会被学生称为书香班的"春晚"。不同于传统的跨年方式,新年诗会以诗为媒,让学生聆听经典,让读书活动在特殊的时间节点给予学生们仪式感。通过读诗，在对新年表达敬意和希望的同时，学生还获得了别样的审美感受。

以 2017 年的新年诗会为例，诗会由十首诗歌组成，时间为一小时。序幕是海子的《面朝大海，春暖花开》，我试着用这首诗的意境之美、远方之美、梦想之美来开启我和学生的新年新征途。诗会尾声是食指的《相信未来》，意在激发学生对明天、对未来的美好期盼，并脚踏实地，奋发向上。一头一尾的两首诗都由全班集体朗诵。中间的七首诗由七个书香小组选送，班主任自选朗诵一首。诗歌可以是名家名篇也可以是诗坛新作，诗歌朗诵必须要有背景音乐。朗诵形式丰富多彩，伴舞、歌唱、情景剧等不拘一格。新年诗会，形式简单但格调高雅，用这样的方式跨年，其意义已经超越了诗歌本身。有学生说，虽然由于自己对诗歌理解的欠缺，朗诵感染力打了折扣，但是，朗诵完诗歌还是有种很强烈的唇齿留香的感觉。这种美好的感觉，不仅是新年诗会给的，更好像是自己给自己的！

读书沙龙

读书不能是一个单向输入的过程，读书的心得需要表达和分享。这样不仅可以促进学生对文本的理解，强化学生的阅读能力，更可以训练学生的表达能力、促进思维发展。

读书沙龙是一种以书为媒介的轻松活泼的读书分享方式。分享读书心得，可以表达观点，感悟思考，启示他人。沙龙可以以阅读的书籍为蓝本，设计探究问题，各抒己见，让大家思想交流和碰撞，也可以将名著改编成剧本,组织学生表演。书香班读书沙龙精彩纷呈:有时候分享《平凡的世界》里的经典语段;有时候给电影《阿甘正传》剪辑配音;有时候扮演《傲慢与偏见》中的达西和伊丽莎白进行深情告白;有时候交流《渴望生活——梵高传》的读后感,偶尔还会就书中的社会问题各抒己见。

因为读书沙龙,学生的阅读兴趣、阅读责任被激发,表达能力也得到锻炼和提高。更多的学生在思维碰撞中认清了问题,看见了美好,加深了对事物的理解。借助读书沙龙,书香班的阅读氛围更加浓厚,每一次读书沙龙,都像是一场思维的接力赛。

寻找最美书店

"寻找最美书店"是我导读工作的又一种策略和方法。书店是城市的风景和名片,书店那错落有致的布局、精心设计的氛围,本身就是一种阅读引领。

为了引导学生走进书店、图书馆,我精心策划了"寻找杭城最美书店"的活动。我首先身体力行,在熟谙杭城大大小小书店的基础上,向学生们介绍了我眼中的 8 家最美书店(麦家理想谷、纯真年代、钟书阁、晓风书屋、枫林晚、南山书屋、悦览树、1758 书吧)之后,我以作业的形式让学生去寻找他们心目中的最美书店,要求学生每进一家书店都要拍下照片且写出入选的理由。

"选美"活动激发了学生的好奇心,为了能让自己喜欢的书店成为最美,学生们兴致盎然,走出"麦家理想谷"步入"枫林晚",走出"纯真年代"又奔向"钟书阁",查找资料,翻阅图书,询问书讯,了解作家。更重要的是,"选美"活动"文化"了学生们的业余生活:让他们暂时离开网络,走进书店,翻开一本本书,让书香飘起来,让青春靓起来。

走进剧场

话剧被誉为"圈中甘草"。每一句台词,每一个肢体动作,每一种表情都经过精心设计。观众通过仔细观察舞台布景和演员表演,认真揣摩剧情发展,读懂内容和主题。可以不夸张地说,每一场话剧演出,由于其独一无二的不可复制性,最后都成了一千个观众心中一千个不同的美好记忆。

聊话剧是书香班班本课程中最浓墨重彩的一笔。但是,最初班里看过话剧、喜欢话剧的学生却少之又少。那一次,我们全班应邀走进杭州蜂巢剧场,看了一场名叫《年轻的野兽》的话剧。我们又走入大名鼎鼎的黑猫剧团,和最帅气、最有才华、最具先锋性的演员们进行了座谈。走出剧场,学生们按捺不住喜悦,迫不及待地说,原来话剧可以是这个样子的啊,它其实一点都不高深,一点都不枯燥,看话剧可以这样享受。还有学生说:"这些话剧演员,个个颜值高,气质好。什么叫'腹有诗书气自华',我算真正理解了。"我边听边想,或许,一个喜欢上话剧的班级,其起点和品味都会站在一个新的高度吧。

学生在多样的文化活动体验中,开阔了眼界,积淀了文化素养,培养了独立思考能力、发表见解的能力和问题意识。公开课上,敢想、敢说、敢质疑;对社会现象,敢批判、敢疑问、敢担责。学生的道德修养不断提高，理想信念、社会责任感得到升华。比如，"遇见苏东坡"人文行走后，学生黄钰婷写下感言："苏东坡是个好官，他心系百姓，关注民生，打通六井、疏浚西湖、修筑堤坝、设置三塔（三潭印月的起源）。他才华横溢，诗词绝美。他命运坎坷，处变不惊，生活清苦，却仍然率性可爱。'好看的皮囊千篇一律，有趣的灵魂百里挑一。'苏东坡活出了大丈夫的真性情。好一个苏东坡！"

读书三张"明信片"

书籍、影视、音乐是书香班的三张"明信片"。阅读书籍固然重要，但我希望学生阅读的内涵可以充分延展，电影、音乐其实就是阅读的延展和补充。这样的拓展也令阅读展现出更多、更丰富有趣的层面，对中职学生来说，不仅更容易接受，也能全方位地涵养学生的品格和情操。我要求书香班的学生在高中三年读完 22 本书，看完 20 部影视作品，欣赏 10 首乐曲。其中，图书的选择主要基于学生的认知水平、阅读现状，贴近学生的最近发展区，以"读得懂、看得进、能思考、有启迪"为标准，阅读题材以散文、小说、历史、人物传记为主，兼顾哲学、戏剧、心理学等；电影题材选择以梦想、青春、友情、希望、生命教育等为主；音乐的选择重在引领学生倾听古典音乐，关注民族传统音乐。考虑到学生的年龄、认知、年级段等因素，具体安排如表 4-1 所示。

表 4-1　书香班的三张"明信片"

年级	图书	影视作品	音乐
高一	《苏东坡传》《渴望生活——梵高传》《皮囊》《肖申克的救赎》《牧羊少年奇幻之旅》《活着》《追风筝的人》《理想国》《生命中最美好的事都是免费的》《苏东坡和杭州》	《肖申克的救赎》《阿甘正传》《怦然心动》《夏洛的网》《小鞋子》《活着》《楚门的世界》《十七岁的单车》《三傻大闹宝莱坞》《舌尖上的中国》	《大漠敦煌》《我的祖国》《春江花月夜》《天空之城》《琵琶语》
高二	《亲爱的安德烈》《北山街上的名居和古迹》《中国大历史》《莎士比亚戏剧集》《解忧杂货店》《古典诗歌的生命情怀》《一只特立独行的猪》《自由在高处》	《辛德勒的名单》《千与千寻》《琅琊榜》《让子弹飞》《英雄本色》《小偷家族》	《出埃及记》《春之歌》（门德尔松）《高山流水》
高三	《哲学的慰藉》《汪曾祺散文》《万历十五年》《动物农场》	《垫底辣妹》《入殓师》《卧虎藏龙》《无问西东》	《沃尔塔瓦河》《胜利》
合计	22 本书	20 部影视作品	10 首乐曲

　　围绕着这三张"明信片"，我在书香班展开了具体的阅读设计，来帮助学生理解图书和影音的内容，以期达到文化育人的效果。

读书的脸，最好看的脸

　　班级文化建设的终极延伸在阅读。曾经读到过这样一段文字，很是喜欢："我害怕阅读的人。当他们阅读时，脸就藏匿在书后面。书一放下，就以贵族王者的形象在我面前闪耀，举手投足都是自在风采。让我明了，阅读不只是知识，更是魔力。他们是懂美学的牛顿，懂人类学的梵高，懂孙子兵法的甘地。血液里充满答案，越来越少的问题能让他们恐惧。仿佛站在巨人的肩膀上，习惯俯视一切。那自信从容，是这世上最好看的一张脸。"

我始终认为，世界上最无用的教育方式就是控制，尤其是对于成长中的职业学校的学生。对行为问题的管理，越控制越失序；对规则意识的培养，越灌输越偏离。书里有比眼睛里更广阔、更丰富的世界。优秀人物的成长史就是有效控制，不断修正自己言行的历史。一个人，越自律，越成长，越自由。

比如，我和学生一起阅读《平凡的世界》。书中主人公孙少平，无论是在高中时代、代课教师时期，还是在黄源背石块、当煤矿工人时期，都没有放弃读书，放弃理想。自律、自主、自强，终究成就了孙少平平凡而又不平凡的世界。再比如，我和学生一起阅读《皮囊》。作者蔡崇达，从福建泉州小渔村走出来的年轻人，一步步走出山村，立足大城市，并在事业上有所建树。其实蔡崇达的成长历史就是不断控制生活中的各种欲望，奋发向上，努力拼搏的历史。读《怒目少年》，作者王鼎钧说："我们那一伙文艺青年，得意的时候读老舍，老舍教我们冷嘲热讽、幸灾乐祸；失意的时候读鲁迅，鲁迅替我们骂人；在家读巴金，巴金教我们怎样讨厌家庭；离家读郁达夫，他教我们怎样流亡，怎样在流亡中保持无产阶级的坚忍。"读别人就是观照自己。所以，阅读的的确确是一剂良药。

（1）《生命中最美好的事都是免费的》

尼尔被誉为世界上最幸福的人，他写了一本书《生命中最美好的事都是免费的》。但凡读过这本书的人都会为生活中的"小确幸"而感觉幸福。感受生活中的美好，发现生活中的美好，这是一种能力，书香班22 本必读书目里，就有这本。选择这本书，最重要的原因是我觉察到学生们幸福感的缺失。阅读是丰富内心体验，培养发现美的能力的最好途径。

幸福感是一种积极的情绪体验，幸福感强的人善于发现生活中的美好，而生活中最美好的事情其实都是免费的。家庭影响研究证实父母的教养方式是影响幸福感的重要因素。首先，部分父母的教养方式是放任溺爱、简单粗暴。其次，学生在学习上缺乏积极的高峰体验，习得性无助是他们的常态。再次，杭州地区物质生活水平整体较为富裕，物质层面的一切来得似乎特别容易，耽于物质的满足，也让部分学生失去了感受幸福的能力。以上种种，让学生们感受生活美好的审美教养能力缺失，很多时候，在他们眼里有用比有趣重要。更多的时候，学生都在得过且过。美学家张世英说："人生境界可分为四个层次，即欲求境界、求知境界、道德境界和审美境界。人生的最高精神境界是审美境界。"（《人生的四种境界》）

读了这本书，受到这本书的熏陶和启迪，学生发现了生活中的"小确幸"。有学生说，学校广播里通知，因为下雪交通堵塞，学校放假一天，突然感觉很幸福；有学生说，早上闹钟没响，起床迟了 10 分钟，飞奔到公交站，公交车就来了，一路顺风提早 5 分钟进教室，虚惊一场，感觉好幸福;还有学生说,期末考试,前一天刚和同学争论得面红耳赤,学会了一个解题方法,结果考试竟然考到了,并且分数有 10 分,幸福得简直要飘起来了。这样的例子,还有很多,不胜枚举。我发现,当我把阅读和生活联结起来的时候,书就读活了。

读活的一个标志就是,我和学生们一起,学会了创造生活中的美。我经常用心地为学生制造生活中的仪式感。策划集体生日联欢会,组织读书人物颁奖仪式,举办青春歌会,期中、期末在班里隆重举行表彰会,策划每个学期文学沙龙的启动仪式……仪式感对学生的意义在于激发和唤醒他们内心深处对美的渴求和发现,对生活的理解和尊重,对生命的敬畏和热爱。

(2)《北山街上的名居和古迹》

读书还让我想到了审美力,想到了著名画家吴冠中老先生的一句话:"今天中国的文盲不多了,但是美盲很多。"由于众所周知的原因,班里很多学生也成了美盲大军中的一员。他们不喜欢游山玩水,不喜欢亲近大自然,业余生活充满着手机和游戏,偶尔去旅游,也只是当了一回邮差。

一次和学生俊俊闲聊,他告诉我,暑假里,他去意大利旅游,参观了罗马斗兽场。我的眉毛随即扬起,欣喜地问:"怎么样,很美吧?尤其是夕阳残照的时候去看罗马斗兽场,非常有历史的沧桑感呢。"俊俊见我眉飞色舞,摸着后脑勺抱歉地说,他觉得斗兽场其实很不好看。不只是因为那里破破烂烂,更是因为他真的感受不到老师所说的那种美。我在失望之余还是按捺不住讲解的冲动,和俊俊讲了罗马的历史,讲了斗兽场的厮杀和斯巴达克斯的故事。俊俊小迷弟一样地看着我,听得如痴如醉。

还有一次读到了学生薇薇的周记。薇薇说,暑假里,她随表姐去了希腊。表姐是中国美院的大学生。他们到了希腊阿波罗神殿。表姐和她讲了阿波罗神殿"6 根柱子破了 3 根"背后的故事,薇薇虽然似懂非懂,但她从此对表姐更加崇拜,每到一处,表姐总能讲出很多美景背后的故事来。同样是旅游,表姐的旅游叫文化旅游。回到中国后,薇薇一口气网购了三本书,她说没有文化的旅游真的只是"到此一游"。

这两件事情在我头脑中留下了特别深刻的印象。旅行应该是人生的一部分。怎么旅行,如何在旅行中发现生活的意义,观察纷繁的世界,我仍然想到了阅读。让班级里的学生去一个杭州之外的地方,这非常艰难。有一次,学生小波找我谈心。他说:"老师,我按照你的建议去西湖边溜达,感觉吹在脸上的风很舒服,我看到的除了人还是人;我去北山街散步,看到那个红房子前有好多人在拍照,说实在的,我看不出这个房子有多美。有时偶尔感觉到了美,却说不出哪儿美。"那天,我和他说了"断桥不断"的审美意境,也和他谈了白堤上桃花盛开时,"桃之夭夭,灼灼其华"的审美意境,并且向他详细介绍了史量才和秋水山庄的故事。之后我轻轻地问:"小波你为什么会看不到美?"小波想了很长时间,腼腆地对我说:"我不知道房子的历史,肚子里也没有一些美词美句,既感受不到美,也表达不出美。所以,别人去西湖是一次美的旅行,而我只是完成了老师布置的作业。"

和小波的这一次交谈,让我想到了组织一次"阅读北山街"的活动。北山街是西湖人文古迹的代表之一。学生对北山街的印象多半是杭州人喜欢去北山街上拍婚纱照、走旗袍秀,或者说北山街上曾经住过很多名人。其实,北山街不仅有秀美山水依傍,现代建筑林立,还有民国文化的底蕴,集自然美景与人文景观于一体。可以说,北山街文化内涵积淀深厚,颇具人文色彩。我所在的学校距离北山街只有 20 分钟的车程,无论是地理位置还是人文环境都适合学生去"阅读"。我选择的书目是《北山街上的名居和古迹》。作者张学勤说:"北山街被誉为'没有围墙的博物馆',既然是博物馆就得有解说词。我便将前些年发表过的,以及最近写的一些相关文章集成这本小书,也算是为北山街准备了一份解说词。"这本"解说词",集通俗与文雅于一体,娓娓道来,不紧不慢。通俗性,让书香班的学生喜欢读,读得进,读得懂;文雅性,让书香班的学生体验到了文字高雅的魅力。

那天,我和书香班的学生行走在北山街,犹如走进民国历史。连横纪念馆以及被誉为"北大招待所"的春润庐等历史人文景观让学生们驻足;秋水山庄、第一届西湖博览会工业馆旧址、孤云草舍、抱青别墅等一大群中西式近代建筑之美让学生们惊叹;玛瑙寺、菩提精舍的佛文化给学生们的行走添了几许禅意。

(3)《追风筝的人》

《追风筝的人》是 2005 年的畅销书,文笔清新自然,犹如一条山野溪流,奔腾着人性的恶与善。全书以写实的笔法,诉说着温暖和残酷、美丽和苦难。阿米尔是整本书的灵魂人物。他对哈桑的喜爱、愧疚,以及后来对哈桑儿子的帮助,实际上是一部灵魂救赎史。读这样的书,对于书香班的高一学生来说,有一定的难度,尤其是阅读中涉及对于人性、国家、种族之间的理解和认知。但是，"一千个读者眼里有一千个哈姆雷特"，打开书本，就是一个世界。为了让学生对文字的理解更直观，在读完整本书后，我和学生们观看了电影《追风筝的人》。从抽象文字到直观影像，学生们的情绪体验跌宕起伏。学生们说："不读书，就会以为这就是整个世界。"那天的阅读沙龙，讨论很热烈：风筝是一个隐喻，就是指每个人内心的愧疚和哀伤。风筝曾经在天空中飘，可是最终落地了，那就是救赎的力量。管琴说："我深深理解阿米尔的懦弱，很多时候，我们都是阿米尔。"陈文相说："战争、种族、傲慢与偏见，让世界动荡不安，而让我们心灵宁静的力量，就是宽容、原谅和爱。"

学生习作：

我 追

——读《追风筝的人》有感

"我追。"回忆着童年时和小伙伴们一起放风筝的情景，嘴里不自禁地念出这句话。书的结尾，就是这么看起来毫无条理的两个字。追？追什么呢？只是风筝吗？还是别的什么……

"快点下来啊，去放风筝啦！"窗下那个扎着马尾辫的小小的身影把手搭在嘴边，做喇叭状对着我大喊，身后是同样一脸兴奋的他们。手忙脚乱地穿好鞋，鞋带都不曾系，随手一塞，抄起风筝便"噌噌噌"跑下了楼。

我们在公园的广场上肆无忌惮地狂奔着，扯着手中的风筝。我和她两个人一起，我端着风筝等着她大喊"放"的时候撒了手，她"嗖"的一声就"飞"了出去，欢快地绕着广场一圈一圈地跑，剩下我跟在身后一脸向往。到了说好换人的时候，她眨着眼睛对我说"可不可以再玩一会儿"，我当即怒吼："才不要呢！"很默契地，我们同时挽起袖子叉着腰，看那阵势像是要大干一场好分出胜负似的。可惜，那么小的我们摆出这等阵势实在不具什么威胁性，反倒是挺喜感，于是，两人一只手拼命指着对方，一只手拼命捂着肚子，笑得眼泪都流了下来，最后干脆抱作一团，手上的风筝也早就不知随风飞去哪儿了。好不容易止住了笑，回头看看其他人，也大抵和我们一般无二，于是，一群没心没肺的孩子又没心没肺地笑了起来，整个广场上回荡着银铃般的笑声，一遍又一遍……

回想起那个时候，不禁笑着摇了摇头，像这么"没风度"的事情想必大家都不会再做了。可是，与其说是"有涵养"，还不如说是失了那份肆无忌惮的童真。从什么时候起，我们只会在偶尔翻看同学录的时候才能想起他们的名字呢？小时候我总是坚信，人这一生总有些东西是到死也要坚持的，比如说，友情。想来那时候的我们都有过这种激动人心的想法吧，但曾几何时，我们却慢慢淡了这份坚持。阿米尔在哈桑最痛苦无助的时候放弃了对友情的坚持，就算最后做出了补偿，在哈桑的心中又能弥补多少呢？阿米尔的愧疚又能消减多少呢？

　　"如果我是阿米尔，我会怎么做？"这个令我痛苦的问题在我脑海中久久盘旋不去，仿佛在逼我做一个选择。我很清楚地知道，这个选择，也许就会决定我是否会走上阿米尔的路。还好，也许是因为我比阿米尔要幸运得多，我看到了他的一生，他的背叛，他的后悔，他的愧疚，所以我做出的选择是不会，绝对不会，永远都不会。"人这一生，总有些东西是到死也要坚持的，比如说，友情。"这个我曾经蹦出过的念头再一次浮现，只不过，这一次又多了一句话："人这一生，总有些底线是死也不能越过的，比如说，像曾经的阿米尔一样，在朋友最无助的时候，袖手旁观。"做出这个选择后，似乎全身上下都轻松了不少。

　　我们在公园的石子路上漫步，肩并肩，我和她两个人一起，看着她嘴角上扬的样子，与那年那个扎着马尾辫的小小身影渐渐重叠，我突然笑了起来，笑得很放肆。

　　"我追。"我喃喃道。

　　"追什么？"她问道。

　　"你。"我又笑了起来，看着呆愣的她，终于缓缓地、认真地答道："是友情，笨。"

周行之
2014 年 8 月

　　关于阅读，我在这要强调说明一下，在我的散文集《我和我的书香班》里，我推荐了 122 本书，其中 86 本是中职生的必读书。经过 2 年的再实践,我深刻地领悟到,读书的确是一件很个人化的事情,我向学生以及家长推荐的书单里,有些好书其实根本无法触动学生的内心。所以 2018 年开始,我决定在书的选择上重点掌握"三不原则":不必经典,不必整本阅读,不碰高考范围。

读书应该成为生活内容的一部分,要读书,多读书,读好书。坚持读书,对人格的培养、对人的一生都会影响深远。

电影是辽阔人生的窗口

电影是一门综合的艺术。如果把文字比作单声道,那么电影就是多声道,集戏剧表演、语言、音乐、音效和画面为一体。在中学,正是学生跨媒介需求旺盛的时期。好的电影和好的文学一样,都是帮助学生理解、丰富人的品格、审美的媒介。书香班非常重视对电影艺术的欣赏。作为德育的载体,很多时候,它对德育的熏陶感染超越了通常意义上的育人方式。书香班选取的电影几乎没有形成系列,只是兼顾了主题和内容,比如《肖申克的救赎》中的"希望",《阿甘正传》里的"奔跑",《怦然心动》里少年少女的"爱情",《夏洛的网》中人和动物的深情,等等。所选电影的人文性和经典性比较强。观赏电影的目的和指向都是促成学生心灵成长。或许,当学生遭遇挫折、困境时,电影会成为此刻人生的拐杖。

具体以《肖申克的救赎》为例,我选择这本书和同名电影作品,是因为希望、自由、信念等主题都在这部作品中得到了很好的诠释。刚考入中职,有不少学生感觉前途渺茫、没有希望,这部电影会有催人奋进的作用。《肖申克的救赎》阅读设计呈三个层次:阅读电影文学剧本—观看电影—召开主题班会课。阅读原著,可以让学生通过对文字想象、咀嚼、回味,以自己的大脑和心灵去感受作者所要表达的"希望是美好的,也许是人间至善,而美好的事物永不消逝"的境界。观看电影,可以让学生通过电影语言去进一步获得心灵的震撼,深化持久阅读带来的感动和冲击。主题班会"希望从来不曾消失"则是阅读的落脚点:在成长的路上,每个人都有可能或者必然面对着一个肖申克。挫折,失败,磨难,受委屈,遭蹂躏,被打击,或许在每个人的成长过程中无法躲避。成为安迪,还是成为老布、三姊妹、瑞德,完全在我们自己。主题班会尾声,我用奥斯卡获奖电影《燃情岁月》主题曲 *The Ludlows* 做背景,和学生一起朗诵我写的诗歌《不是每个人都真正活过》。真诚的文字和动人的音乐触动了学生内心最柔软的地方,生成了巨大的能量——集体朗诵时,学生们的情绪、情感喷涌而出,我们都泪流满面……我知道这种能量可能会在以后的岁月里帮助学生抵抗人生的无常和未知。

学生习作:

理想和信念

　　那是一种从心灵最深处发出的感觉,让人想重新认识自己。而现在的我们都不知道自己的价值在哪里,不知道什么才是所向往的。好的电影是可以让人思考的。

——题记

　　对我来说,肖申克的救赎从来就是一个关于生活的隐喻。

我们每个人，都被这样那样的事物束缚了，它既是有形的，很多时候，更是无形的。既有钳制身体的，更有钳制心灵的。有形的或者无形的，想过挣脱，却又放弃，仍然在旧规矩中重复无意义的生命。

枯燥无味的生活就像那个巨大的肖申克监狱一样，处处充满着压抑的空气。偶尔走到窗口，望着外边的天空，才觉得自己是个自由人。

每一个生命，生来就懂得梦想，懂得憧憬，怀有希望，只是有的却在生存的道路上被抹杀了个性，磨去了棱角，日复一日年复一年，仿佛铐上了无形的枷锁，忘记了曾经的理想抱负，忘记了年少的轻狂，甚至不愿回想。我们总是想得太多又做得太少。人的心灵啊，每每在午夜徘徊，诅咒命运的不公，觉得自己该做些什么改变一下现状，却终究什么也没做。是能力不够，还是行动力不足？悲哀的不是争取不到梦想的实现，而是过早地臣服于现实的压力。

我喜欢那清丽的歌声飞扬在监狱上空，所有人陶醉的神情，时间仿佛静止，又仿佛轰然作响；喜欢安迪最后那发白的鬓角，那双微蓝的眼睛，看透一切的神情；喜欢瑞德回忆起安迪的样子，喜欢他低沉的嗓音，絮絮说着曾经和将来。印象最深的是结尾处，瑞德穿过阳光下的草地，蒲公英或是什么在天上飞，舒缓优美的音乐中，他走向安迪埋藏秘密的地方。那份友情和对朋友的信任让人落泪。

　　请记住,信念是美好的,或许是人间至善,而美好的事物将永不消逝。安迪的信念是对自由的希望,瑞德的信念是安迪的友情和秘密,你呢？信念是滴水穿石、铁杵成针,说到容易做起来难。为什么很多人的梦想成了空想,那是因为时间会不断地腐蚀它,现实会不断地折损它,他们没有足够的信念去积累和实践。

　　信念不一定是伟大的梦想,常立志者无大志。选择自己喜欢的,爱自己选择的,无功利地生活、阅读与学习,在纷繁浮躁的年代保留一份从容与安详——便是我的理想与信念。

电商 147 班　杨子君

　　再如,电影《阿甘正传》。美国《时代周刊》撰文记录了电影《阿甘正传》引起的轰动："男女老幼怀着真诚的伤感涌出电影院,孩子们似乎在思考,成年人陷入沉思,成双成对的人们紧紧握住对方的手。"阿甘像极了《射雕英雄传》里的郭靖,也像极了《士兵突击》里的许三多。阿甘的"巧克力精神",许三多的"不抛弃,不放弃"精神,郭靖的"傻劲"仿佛是人生的三脚架,稳稳地架起了生命的厚度、宽度和广度。

　　考虑到《阿甘正传》这本小说宏大的叙事背景、复杂的历史事件,以及其中纷杂的政治意识,也考虑到书香班学生的阅读理解能力,我没有要求学生购买这本书。但《阿甘正传》是书香班的必看电影。电影中的很多母题还是很值得学生观看、鉴赏的。比如,奔跑。

　　智商 75 的阿甘,在奔跑中,奇迹般地甩掉了双脚的禁锢,跑进了大学,跑进了橄榄球队,成为全美明星球员,受到了肯尼迪总统的接见。阿甘也奔跑在越南战场上,他因奔跑保存了自己的生命,也挽救了战友的生命。珍妮离开后,阿甘进行了全美奔跑,最终得到了数不清的荣誉,还带领失去方向的人,给他们以启迪。

《阿甘正传》主题班会课用"奔跑的人生"为标题,以奔跑为主线,分成四个板块。第一,跑向大学;第二,越南战场上的奔跑;第三,跨越全美的奔跑;第四,爱情的奔跑。通过故事情节的讨论和交流,学生懂得了:奔跑既是阿甘的行为方式,也是他的思考方式。奔跑实际上代表着阿甘的那种坚定勇敢、积极向上的行事方式和乐观顽强、坚持不懈的实干精神。

音乐是聆听世界的天籁

音乐的价值和意义,已经无须赘言,基于书香班学生音乐素养的单薄,书香班"读书立法",规定每个学生必须学会欣赏 10 部音乐作品。而且,鉴赏的重点是交响乐和古典音乐。有人说,听音乐的最高境界就是听古典音乐。我个人觉得,一个"古"字,就充分说明,古典音乐经过了时间的洗涤,是历经岁月的考验,大浪淘沙留下的经典。相对于流行音乐,古典音乐感情更丰富,内涵更深刻。还有交响乐,审美品位也很高。交响乐的最大特点是波澜壮阔,气势恢宏。另外,相对于中国民乐的单旋律,弦乐、木管、铜管这四组乐器的复杂和波澜壮阔,更是给交响乐增添了无穷魅力。其实古典和交响乐的欣赏真的不是非常难,多听听,就会"入味"了,"入味"了也就爱上了。

　　为培养学生的音乐鉴赏能力，我组织学生参加诗歌比赛、故事演讲等德育活动时，鼓励学生尽量使用古典乐或交响乐作为背景音乐。因为诗歌本身具有韵律节奏，以恰当的音乐为背景，能烘托和谐的诗意氛围。同时，音乐还有助于酝酿情感，丰富诗歌的表现力，提升诗歌的感染力。对于大多数学生来说，他们知道配乐能增添效果，但是不知道怎么选择与活动相关的音乐。为此，我从书香班必听的 10 首乐曲中挑出 5 首，和学生一起鉴赏、聆听。按照领会材料主旨—明确材料要表现的主题—清晰配乐要烘托的氛围三个步骤，一步一步把音乐和材料进行意境对比，体味两者的和谐度。比如王蒙的《青春万岁》序诗，我抓住三个关键点：20 世纪 50 年代中华人民共和国成立不久，建设大业如火如荼；作者王蒙 19 岁，青春朝气积极；诗歌语言热烈；青春生活富有激情。之后和学生们在品读中体味出诗歌的基调：饱含对生活的爱，对明天的坚定信念。在这前提下，选择背景音乐。第一，音乐要体现"信念和爱"；第二，音乐要大气，而且可以带点悲壮和豪迈；第三，音乐节奏舒缓而热烈。青春是一个群体，音乐也应选用宏大的交响乐。最后，师生一致选择《大漠敦煌》。交响乐《大漠敦煌》，气势恢宏，节奏深沉低缓，充满着昂扬向上的力量和炽热的情感。《青春万岁》和《大漠敦煌》在大气、信念、爱上具有高度匹配性。经过精心彩排，书香班《青春万岁》诗歌朗诵获校级一等奖。

　　再比如，主题班会课纪念南京大屠杀 81 周年主题教育活动时，学生很快找到了与之匹配度高的电影原创音乐《辛德勒名单》。在排练的时候，两个女生还没有朗诵，就被《辛德勒名单》那难以言喻的哀伤触痛了内心,眼睛里泛起了泪花。体验就是最好的教育。实践证明,音乐是最省时省力的精神滋养。读书,不能让音乐缺席。

这5首配乐也成了我们书香班学生的活动示范音乐。详见表4-2。

表 4-2　主题班会配乐对应表

朗诵材料	配乐	表现主题(烘托意境)	和谐度
王蒙《青春万岁》	《大漠敦煌》	气势磅礴、慷慨激昂、热血向上	匹配
纪念南京大屠杀诗词朗诵	《辛德勒的名单》原声电影音乐	沉重、苦难、祈祷、哀悼	匹配
主题班会"家族印记"之郑义门家风篇	《伏尔塔瓦河》	气势恢宏、壮阔雄伟、赞叹喜悦、积极向上	匹配
主题班会"感恩父母"	《琵琶语》	低沉内敛、富足感恩	匹配
主题班会"信仰的力量"	《出埃及记》	悲壮、激昂、壮志凌云、慷慨奔赴、赤胆忠心	匹配
主题班会"相信未来"	门德尔松《春之歌》	希望、优美、感动	匹配

书籍、电影、音乐,三张"明信片",阅读与影音的结合,让学生加深了对文本的理解,让学生在思维、审美、品格和情绪管理方面都得到了很大提升,这正是书香育人的目的所在。

读书评价

在每学期结业典礼之后,书香班的学生手里除了素质报告单,还有一张"阅读成绩报告单"(见表4-3)。这张成绩报告单,既是用量化的方式对学生一学期的读书数量、读书摘抄、古诗词默写、作文写作、人文行走等情况进行统计和评价，又能帮助学生厘清自己的阅读现状并能展示未来，最终目的是让学生体验成功，收获快乐，保持阅读热情。

表 4-3　电商 177 班阅读成绩报告单（以高中一年级上学期为例）

阅读项目	具体要求	完成情况 （得分共计 100 分）
必读书目	《牧羊少年奇幻之旅》《渴望生活——梵高传》	20 分
自由阅读书目	至少 1 本	5 分
美文摘抄	至少 4 万字（每天 500 字）	10 分
古诗词背诵	40 首（选自《风骚掠影：职高学生诗词选读》）	10 分
PPT 制作	至少 2 次	5 分
朗诵、演讲	至少 1 次	5 分
电影、音乐 （必看、必听）	5 部电影及影评、5 首音乐作品	10 分
进图书馆、 书店情况	至少 2 次	5 分
写作	4 篇	20 分
人文行走	至少 1 次	10 分
加分情况		

阅读成绩报告单让学生的阅读呈现渐进和渐变的阶梯形发展模式。学生由最初的不愿意读书、没时间读书，到能静下心来认真地阅读；阅读内容从休闲消遣阅读转到了人物传记阅读、名家名作阅读、经

典阅读;从碎片阅读转到深度阅读再上升到品质阅读——阅读成绩报告单,让阅读留下了成长的痕迹。我们学校是职业高中,很多学生以前从来没有读书的习惯。我把读书及其相关活动作为一个学习目标,并加以量化考核,让学生重视并有明确目标地去做这些事。一个学期下来,他们呈上的是一张成绩报告单,收获的则是前所未有的成就感。以前从没完整读过一本书的伟伟激动地说:"原来我也能读完一本书呀!"没有去过图书馆、新华书店,不知道古典音乐是何物的方同学说:"在书香班,我才感觉到自己是个读书的学生。"

班级行为文化是班级精神文化的外在表现。行为文化是受环境长期浸润影响而形成的行为习惯。就这样,我通过行为习惯养育的顶层设计,利用三张明信片、四大班本课程等鲜活的实践活动,帮学生走进、感知书中的世界,最后用下发阅读成绩报告单的方式对其读书情况进行评价和反馈。拓宽读书的外延,用更多的维度教会学生去感知世界、感知文化的魅力,并用提供书单、布置任务、上交作业、具体评价、多角度体验等手段让学生逐步完成设定的文化实践,取得自己看得见的成绩。

书香班行为文化建设成效显著。它激活了学生的读书热情,课间,教室不再充斥着喧哗声和吵闹声。随着低头阅读一族与日俱增,沉湎手机、热衷游戏的学生明显减少。去电影院看电影,去音乐厅听音乐,逛一逛画展,听一堂公益讲座,下载 APP 听诗歌朗诵,聊一聊话剧,参加读书沙龙等书香活动真正走进了学生的生活。总之,书香班的行为文化建设,让我的班级管理充满教育的温情,让文化育人的力量深入学生的精神世界。书香，点燃了学生的心灯，激发其自我建设的本能，让学生活出青春应有的色彩，活出自己喜欢的模样！

家长行为文化

都说班主任带着两个班，一个是学生班，一个是家长班。书香班的行为文化建设，家长不能缺席。很多时候，中职的家长不是不关心孩子，而是没有能力教育孩子。作为班主任，具备一定的家庭教育的指导能力是班主任专业发展的基本要求。所以，指导家长，帮助家长，携手家长是班主任的责任和义务。

书香班的家长现状如何？2015 年 10 月，我利用家访做过书香班 6 个新杭州人家庭小群体的抽样调查。

表 4-4 书香班家长抽样调查表

姓名	家长文化程度	工作情况	教养方式	亲子关系	学习观存在的问题
贾同学	父亲小学毕业,母亲小学 5 年级辍学	开长途运输公司	放养	一般	1.多数家长把学习单纯地理解为学习成绩好坏,分数的高低。2.将人生中毅力、恒心、自控力、自信、自尊等非智力因素抛之脑后或者根本不知道非智力因素的存在。3.孩子初中三年的学业失败,严重地消磨了他们的热情,使他们丧失了对孩子学习的信心。
俞同学	母亲初中毕业,父亲高中	父亲国企上班,母亲全职主妇	民主	和谐	
周同学	父亲小学毕业,母亲小学 5 年级辍学	开私营饭馆	放养	紧张	
陈同学	单亲家庭,随母亲生活,母亲高中毕业	淘宝开店	溺爱	和谐	
郑同学	母亲初中毕业,父亲高中毕业	开连锁超市加盟店	放养	紧张	
胡同学	母亲高中毕业,父亲初中毕业	父母均为环卫工人	管控	紧张	

从表 4-4 中,我们可以发现,书香班家长群体的经济状况一般在良好以上,但文化素养偏低,家庭教育指导能力不足,亲子关系往往不够和谐。针对这一情况,根据班级现状,我决定和家长一起读书,从以下三个方面给予家长家庭教育方面的能力指导。

第一,根据该年龄段学生存在的共性问题,利用家长会时间,开设家庭教育系列微讲座。帮助家长树立科学理念,提高家庭教育的能力。

　　第二,利用家校通平台渗透教育理念,让家长养成阅读老师发的短信的习惯,并能从中得到教育理念的滋养和熏陶。

　　第三,推荐家长阅读家庭教育类图书。推荐优秀影视作品。

家庭教育微讲座

　　有了家访的调查数据,结合平时的观察和沟通了解,我决定在家长会期间,花 15—20 分钟时间办一场家庭教育微讲座。讲座的内容,不是率性而为,而是基于我的家访调研,以及对家长的问卷调查。微讲座的内容不是碎片化的随机选择,而是根据学生年龄段特点,以健康青春为主线,进行顶层设计。家庭教育讲座系列化,层层递进。具体如表4-5 所示:

表 4-5　家庭教育微讲座主题表

学段	主要问题	讲座主题
高一(上)	自卑、无助	"相信未来"
高一(下)	不爱阅读	"爱上阅读"
高二(上)	异性交往	"藏在书包里的玫瑰"
高二(下)	亲子关系和谐建设	"都挺好""小欢喜"
高三(上)	我要考大学	"吾儿要高考"
高三(下)	考试焦虑处理	"我家孩子是黑马"

　　开家长会一定要精心准备。这既是对家长的尊重,也是对自己的尊重。以"爱上阅读"家庭教育微讲座为例,我的精心准备包括四层意思:第一,精心准备内容。不能把家长会开成成绩发布会或是批斗会。

第二，精心制作课件。准备好学生寒假读书优秀作业。第三，精心挑选书籍。我用一个月的班主任津贴，自费在西湖文化广场新华书店精心挑选了《正面管教》《亲爱的安德烈》《藏在书包里的玫瑰》等 21 本书，奖励给家长。第四，精心创建和谐氛围。根据家长的年龄特点营造一种他们熟悉的氛围，会给家长会的成功召开添砖加瓦。高一年级学生的家长绝大部分是"70 后"，对罗大佑、邓丽君不陌生，所以我选择了罗大佑的《光阴的故事》。当歌声响起，一张张孩子们学校生活的照片展现在 PPT 上，我的解说词温暖柔和，43 位家长人人动容。那天，其实感动的何止家长，我自己都被感动了。

最后，具体说说"爱上阅读"微讲座的整个过程。

附件：

"爱上阅读"微讲座过程

首先，我在 PPT 上出示了三句话：阅读是思维方式，阅读是文明礼仪，阅读是高考成绩。接着，我结合身边具体的事例，用简洁通俗的语言进行了解读。家长们感悟很深，看我的眼神充满了崇拜的味道。之后，我把话题转到了书香班的阅读状况。我列举了书香班阅读存在的几个现象，整理归纳出书香班阅读的现状：不爱阅读，沉溺于玩手机，厌学，习得性无助。

接下来，我放慢语速，用平静、理性客观的语言，解析了造成这种阅读现状的原因。重点讲了三个原因：整个社会环境的浮躁和功利；应试教育的影响；家长缺少示范。

最后，我用激情的语气，提出了"我们家长可以为孩子们的阅读做点什么"的问题。然后，用极度骄傲、非常自豪的语气，引出"书香班好爹娘"话题。我说："一个孩子的阅读史是否厚实，除了孩子本人的主观努力之外，家长的影响力同样不可估量。古语曰，'有其父必有其子'，在我们书香班，因为有这样一群书香家长的引领，班级里阅读已蔚然成风。下面，我要隆重推出一群家长，他们就坐在我们身边，我冠名他们为'阅读好爹娘'。希望我们用钦慕的眼神送去对他们的由衷敬意。"

我给温馨的亲子书香照片配上精练深情的文字旁白，制作成精致的PPT，对"阅读好爹娘"先进事迹进行了展示。何鸿飞爸爸妈妈、周志伟爸爸妈妈、杨子君爸爸妈妈、鲍晶莹爸爸妈妈、章荆超爸爸妈妈、方家钰爸爸妈妈、周弘毅爸爸妈妈、管琴爸爸妈妈为孩子精心打造良好的阅读环境。他们家里不仅有装满书的大书柜，而且家里的沙发上、卧室床头，甚至卫生间都放着书。有这样用心的爸爸妈妈，才有了喜爱阅读的好儿女。

边妤婷、俞思梦、崔彦妮、贾文玉、徐文俊、杨奕、周影娜、杨子君8位同学一学期阅读图书8本及以上。顾程超、吴凌斌、耿小贝、杨梦影、叶杭枫5位同学一学期阅读图书5本。这些同学的爸爸妈妈积极关注孩子的阅读，时常打电话给班主任询问孩子的阅读情况。如果说这些同学因为海量阅读已蜕变成班级里最美丽的一道风景，那么他们的爸爸妈妈就是美丽风景的创造者。

最激动人心的环节就是"颁奖典礼"。我想让书香班的爸爸妈妈充分体验到被尊重、被认可、被礼遇的感觉，感受到最真诚的赞美，感受到读书的荣耀，因此我选择了让他们走上讲台领书。当21个家长按着我的点名表扬声，合着金马奖颁奖旋律，依次从孩子的座位上走到讲台前，在教室里其他家长的注目之下，从我的手里接过崭新的书时，我理解了他们眼中的泪水以及他们颤抖的双手。每每想起，总让我感慨万千。家长们接过的何止是一本书。

总之，"爱上阅读"家庭教育微讲座，给书香班的家长们关注孩子的阅读注入了强心剂。家长们很自豪。有几个家长表示，孩子从小到大几乎从来没有读过一本完整的书，没有写过一篇电影评论。可是，到了高中，一个学期读了两本书，写了三篇影评，还上台做 PPT 演讲，这是一种了不起的转变。

家庭教育微讲座很受家长欢迎。每次家长会，书香班家长到会率100％，甚至经常出现120％的情况。因为有好几次家长会，家长是夫妻双双而来。还有的家长边听讲座，边用录音笔或手机录音。家长自豪地解释说，参加了孩子从小学到初中的无数次家长会，从来没有见过这样的家长会。每次开家长会，都能学到教育孩子的"新技能"，而且听一遍不过瘾，还要拿回去给孩子妈妈听，也拿给单位的同事听。太有启发了。还有一个家长激动地对我说："陈老师，你下次去家庭教育讲座告诉我一声，我买票来听！"

书香家长微信群

家校联系，无论是先前的家校通还是现在的微信群，都不仅仅是一个转发学校文件，告知学生成绩的事务性平台，它更是一个情感的交融场。在这个场里面，有"一切为了孩子"的美好情感的汩汩流淌。所以，我觉得我一定要好好利用这个。

我在微信群里，当然也发通知和文件。但我最喜欢发的，发的最多的是不是通知的通知。下面摘录 3 个我曾在微信群里发过的消息。

消息 1：各位家长：明天早上 9 点，我们全班 43 名同学将身着汉服，手持竹简，以一个谦谦君子 / 窈窕淑女的形象登上杭州体育馆的舞台，深情吟诵《论语》。这是一次文化的展示，也是一次礼仪的展示，为 43 个孩子青春的书香足迹喝彩！为了让这次书香体验更加美好，请各位家长晚上务必提醒孩子：服装准备好了吗？道具都放进书包了吗？帽子都折叠整齐了吗？你的积极关注和热情鼓励是孩子们成长的最大动力。谢谢你们的支持！

消息 2：各位家长、各位同学：4 月 23—26 日，首届浙江全民阅读节暨浙江书展在杭州钱江新城城市阳台举行。这是全国第一个"江面上的书展",穿梭在展馆,钱塘江水就在你脚下流淌,透过玻璃地面清晰可见。书展期间,全国600多家出版社、20多家特色民营书店带来20多万种图书汇聚于此,全场图书售价不高于8折。场内外活动107场,阅读沙龙、读者见面、新书分享、签售互动……读书活动精彩纷呈。

阅读改变人生,书香滋润品质。希望各位家长鼓励、支持、督促你的孩子利用双休日,务必去书展体验阅读的快乐。我已经精心准备了双休日图书展览导游地图。建议你给孩子50元左右的购书费,至少购一本心爱的书回家;务必去听一场读书讲座;务必留下读书的照片。家庭教育千万条,读书教育最有效。温馨提示:去浙江书展很方便,地铁4号线坐到市民中心站,从B、C出口出来,抬头就能见到指示牌。

消息3:亲爱的家长、亲爱的同学:岁月如梭,逝者如斯夫。眨眼之间,120多个日子悄然滑过我们的指尖。2018,踏着新年的吉祥和祝福如期而至。过去的一年,我们在爸爸妈妈的积极关注下,奋发、努力、踏实。军训场上,我们披荆斩棘荣获多项荣誉;贸易节中,我们创新创造,诚信买卖,商品贸易取得丰硕成果;秀酷节上,我们用《书香论语》秀出青春的风采,惊艳了整个体育馆。过去的一年,我们书香班何其充实而美丽!新年的钟声即将敲响,让我们怀着火一样的热情,用阿甘奔跑的模样,奋进在新的一年。我们辛勤浇灌,我们努力拼搏，我们心怀感恩。衷心祈盼我们电商 147 班的爸爸妈妈们，身体健康，工作顺利。虔诚祈盼我们电商 147 班的同学们，心怀梦想，脚踏实地努力学习每一天。书香班的爸爸妈妈们，书香班的同学们，新年快乐！

很显然，这些短信的内容不是学校的通知、学生的作业或是学生的学习成绩。我发的是班里的有意义的大型活动，那是一种希望家长给予支持的期盼；我发的是杭城阅读、艺术活动的讯息，饱含着提升孩子艺术审美的呼唤；我发的是跨年时刻的祝福感言，凝结着对家校合作美好前景的信心。家长收到这样与众不同的信息，他（她）心理会想些什么？书香班的家长说："读陈老师发的消息，感到特别舒服。有文化的老师就是会说话。虽然文绉绉，却很有分量。"

家长微信群的本质功能是沟通，沟通的意义是合作。让家长读到这样的短信，我觉得我的目的达到了。

影视剧里悟教育

帮助家长提升家庭教育能力，除了倡导阅读之外，鼓励家长观看优秀的影视作品也是一条操作简单、成效显著的道路。优秀的影视剧，是从文艺的视角审视我们的生活，包括家庭教育。通过观看"别人家的孩子，别人家的父母"的故事，反观自己家的孩子和自身存在的问题。有时候，这远比单纯地听听讲座、交流互动，效果要好许多。优秀的影视作品之所以优秀，往往是因为它源自现实生活，并且高于现实生活。它传递着科学的教育理念，能引发我们对生活和教育现状的反思。所以，家长看优秀的影视作品受到的教育和启发，比我的微讲座更具有意义。

比如《都挺好》这部连续剧，红遍大江南北，书香班的家长也挺喜欢看。在家长会上，我从家庭教育的角度，对这部电视连续剧进行了简单的点评，并且在最后一页 PPT 上写了这样一段话："苏明玉的昨天、今天和明天都和她的原生家庭有关。分析原生家庭，'批判苏明玉父母'是为了建设我们和我们的家庭。我们是孩子的'来处'，也是孩子的'明天'。所以，修正自己，成长好自己，是我们做父母的责任。请让我们牢记：家庭教育是台复印机，孩子是复印件，复印件出现问题，要从原件上找原因。你是什么，孩子就是什么！"

再比如电视连续剧《小欢喜》。这部剧是中国家庭教育的缩影，折射出千万个家庭教育的现实状况。家长会上，我列举了两个小细节：高三誓师大会，放飞气球，乔英子与妈妈宋倩在写心愿的过程中发生冲突。这个细节告诉我们，不控制和替代，尊重和理解就是对孩子最好的爱。季区长，季杨杨爸爸向儿子季杨杨道歉。季杨杨用毛巾裹着自己的头，努力不让自己哭的样子显现出来。这个细节告诉我们，放下父母权威，尊重孩子，勇敢对孩子说"我错了"，就是爱。虽然我只是寥寥数语，但是从家长脸上的表情可以看出，这样的细节解剖，带给家长的启发和思考远比细节本身多很多。

经过家校共同努力，书香班家长的读书行为意识逐步形成，重视孩子阅读、支持孩子阅读的行动也逐日增多。书香班的家长们和他们的孩子一样，一天比一天有书香。2017 年 6 月，书香班 45 个孩子全都考上大学。书香班的家长为孩子的毕业散伙饭献计献策。那天，在杭州尚城 1157·利星保拉纳啤酒坊，书香家长和书香孩子齐聚一堂，用最文艺的方式，庆祝孩子们毕业，庆祝孩子们圆梦。家长们纷纷发表感言。

饶旭妈妈说："妈妈希望你踏进大学校园后，有自己的理想。在大学里希望你努力学习，快快长大。等你学业有成，踏入社会，你一定能按照自己的理想快乐生活。妈妈看好你，儿子加油！"

姜雍爸爸说："谢谢儿子你帮助全家实现了梦想。人生的每一步都是自己走出来的，因为人生道路只有两种：一种是赢，一种是混。想赢的人不会混，想混的人不会赢。儿子切记！"

吴权爸爸说："路在自己脚下。各方面都胜过老爸是你的目标，希望我们家一代更比一代强。好好做人，努力学习，你肯定会比老爸强十倍。"

姜雍爸爸，这个朴实能干的家长，还自掏腰包，包下了聚会的费用。

那天，书香班的爸爸妈妈们，用实际行动告诉全世界，我们用"最后一课"和孩子一起"致青春"。我想我会永远怀念这一天，2017 年 7 月 2 日。

伍

书香班精神文化建设

书香177班班级精神文化建设

　　提起书香班建设,许多同行心存疑虑:中职学生本身不爱学习,让他们读书不是过于天真了吗? 让他们读书,仅仅是一种倡导,或者是作一下文化秀,装点班级颜面吧?说句实话,我在书香班建设之前,也有过这样的担心,也听到了种种质疑。尤其是社会上对中职生的评价:技能的巨人,人格的矮子。这些让我很不舒服。不舒服,不是因为我是中职老师,这样的评价让我很丢面子,而是因为这样的评价有失偏颇。或许,技能和人格不成比例的现象确实存在,但不是全部。我常想,即便说的是事实,那也是暂时的,毕竟学生还是成长的人。当然,我想的更多的是,作为班主任,我能否为学生的成长做点什么。

班级文化的核心是班级精神,需要以此为线索去进行积极建设。班级精神昂扬向上了,内在精气神上扬了,班级就会由内而外散发出迷人的书香气息。班级富有书香了,学生知书达理了,整个班级面貌就会焕然一新。

2017 年 7 月,送走书香 146 班后,曾经宣誓带完这一届,永不当班主任的我,违背了誓言,在同事们诧异的目光中,再一次担任新一届书香班班主任。我班级建设的目标是创建一间书香教室。我读过不下 20 本关于班级文化建设的书,也听过不少于 10 场关于班级文化建设的专题讲座。总体而言,阐述班级文化是什么的多,具体阐述怎么操作的少。于是,我决定以我的书香班级精神文化建设的具体实践,来谈谈我的思考和具体的操作过程。

班级口号的出现

2017 年 9 月,我正式接任电商 177 班班主任。这是个电子商务专业的普通班级。无论是学习成绩、行为习惯还是读书情况都不太如人意。何况,班里还有通过各种途径进来的 5 个"熊孩子"。

在 6 月份的初升高衔接过渡管理期间,我就对学生们的读书情况做了相关调查,掌握了第一手资料。所以,9 月份一开始,我在结合衔接过渡管理期间的调研观察,以及暑假里系统思考的基础上,以读书为主题,确立了书香精神的建设思路:顶层设计,引导提出—踏实行动,巩固认同—总结归纳,提炼升华三步走。首先是通过开展一系列的活动,大力营造一种书香气氛,让班级舆论聚焦到"读书"上来。考虑到"先入为主"的心理学效应,所以,我在书香班级文化建设中,一开始就尽最大可能地为班级创造一种"书香"的形象气质。

要更好地践行书香班级建设,首先要帮助学生打消思想上的疑虑。为此,我在宣传动员上花了很大心思,认真做了很多准备。我用主题班会课时间,和学生聊"读书的意义",和学生讨论"爱上阅读,书香最美"的班级口号的价值。整节课没有灌输和说教,呈现的内容都来自生活,来自身边的人和事。用数据说话,用案例解释,用真诚引领。所以,第一节读书主题班会在书香班形象塑造历程中,起到了很好的导向作用,吹响了书香班建设的号角。

孩子,我为什么要你认真读书?这个问题现在在家庭教育、学校教育中很流行。被社会认可,被家长、学校普遍认可的观点是:读书不是为了扬名、赚钱、比成就,读书是为了让自己拥有对生活的主动选择的权利。选择有意义、有时间的工作,而不是被迫谋生。对于这个观点,我也深表认同。基于这样的思考,书香班提出了"我读书,我选择"的班级口号。

口号,不是用来喊的,而是用来让人明确目标,并为之脚踏实地,加油鼓劲的。

蝴蝶翻飞的图书角

曾经听过一段很有意思的话。大概意思是，假如你是个不懂音乐的人，就假装很懂音乐的样子：去听听交响乐，去参加演唱会，去歌厅走走，到卡拉 OK 厅飙歌，把网易云音乐 APP 下载到手机里。装着装着，就懂音乐了，时间长了，你就成了音乐发烧友了。乍听这些话，像是调侃，事实上，它却有一定的道理。它形象地说明了事物从量变到质变，从外在到内在，从浅表到深层的演变过程。书香班建设，也要从外在、从表层做起，从量的积累开始。我决定从建设班级图书角开始。因为天堂最美好的样子是图书馆的模样，教室最美好的地方是班级的图书角。

书香班，顾名思义，无书何以书香？我在教室一隅开辟了一个图书角。通过学生捐、家长捐、老师捐、政府捐的方式，收集了两百多本书。我任命一位爱护书、好读书、能负责的"图书管理员"，并安排她到学校图书室，跟着图书室的何老师学习图书的相关管理工作。这个小姑娘名叫崔彦妮。她果然不负众望，图书借阅、书架清洁、图书生命维护等工作，一桩桩一件件，做得有条不紊。她还让图书角"蝴蝶翻飞"。走近图书角，图书散发出的迷人馨香也吸引了班级同学的驻足和借阅。环境熏陶人，感染人，真是"小小图书角，大大书香味"。

读书立法

机制是组织活动的保障。为了让书香真正落地，关键是要从制度上予以保障,它是书香班班级文化建设的基础。为此,我和学生们建立了一套书香机制。

首先,是"读书立法"。班规明确指出,书香班的学生,高中期间必须读完 22 本书、看完 20 部电影、学会欣赏 10 部音乐作品。只有完成了这个目标,才能成为真正意义上的书香班的一员。

其次,是践行"不可量化班规"。班规指出:书香班学生,不单要以"量化"班规为行为守则,还要从传统文化的传承、发扬、习得等方面,扎实践行"论语班规""修身宝典"等书香班规。

再次,是重视阅读评价。没有评价就没有阅读,评价方式注重多元。读书沙龙、阅读小报、演讲比赛、诗歌朗诵等,是平时阅读情况的单项评价。"阅读成绩报告单"是以学期为单位的整体评价。

最后,是建立班级管理的组织机构,书香小组自治。全班学生分成 7 个小组,每组 6 人,在书香小组长的带领下,对班级进行常规管理。

沙场秋点兵

活动是最好的催化剂。有了图书角的创建,有了书香机制的保障,书香文化建设得到了扎实推进。按照马斯洛的需求理论:尊重需求是人的基本需求。尊重需求包括自我价值和个人感觉,也包括他人对自己的认可和尊重。青春期的学生,希望得到别人的认可和尊重的需求往往显得特别强烈。因此,作为班主任的我,总是在寻找机会,希望在书香文化建设的初期,能找到一个机会,让班里的学生"以书香为傲"。

机会总是给有准备的人的。书香班文化建设两个月后,晚秋 10 月底，我们迎来了秋季运动会。入场式表演比赛是运动会的开场大戏，也是全校师生最为关注的比赛项目。如何在入场式中，在全校师生面前展示"书香风采"，赢得肯定和尊重呢？我和学生们进行了精心策划和设计。

或许是巧合吧。10月份，我正好教学宋词章节。辛弃疾的《破阵子·为陈同甫赋壮词以寄之》中"沙场秋点兵"的古战场画面，一直浮现在我脑海中。在运动会的入场式中，能否再现这种古战场的意境呢？诗词吟诵、服饰搭配、肢体表演、锣鼓呐喊、音乐渲染，我在大脑中不断建构各种情景。越想越自信，于是，我和学生们花了3天时间，对"古战场风"的入场式进行了精心设计。入场式表演那天，我们压轴出场。当队伍行进到主席台前，四只红色大鼓咚咚咚擂了起来，声音响彻杭州体育馆。伴随着震天鼓声，身披内红外黑的披风战袍的"将士们"，铿锵有力、豪情万丈地吟诵起"大江东去，浪淘尽，千古风流人物""醉里挑灯看剑，梦回吹角连营。八百里分麾下炙，五十弦翻塞外声，沙场秋点兵""会挽雕弓如满月，西北望，射天狼"等古诗词。"四大白袍将军"——赵云、陈庆之、薛仁贵、多尔衮威风凛凛地站立在战士们前面，接着，他们挥舞着手中的长矛，齐声发令"出发"。于是，将军、战士冲向了战场。雷鸣般的掌声经久不息。这样的入场式表演，想不得一等奖都难。书香班的入场式表演获得了巨大成功，书香班的名声一炮打响。班里43个学生个个喜形于色，至此，学生们对书香班的班级形象有了深切的感知。

班级精神的定格

在书香班级形象塑造和建设中,我下足了力气,用足了心思,学生也开始慢慢地有了集体归属感和荣誉感。一种可贵的群体意识,书香最美的班级精神开始萌芽。不过,这种精神不太清晰,还很朦胧,也缺乏比较深厚的积淀。书香精神只能说是萌芽而不是定型。因为书香文化的结构力还很单薄,是一种弱势文化。我想,是时候对其进行加强巩固了。

《星空》之下的《西风颂》

2017 年 5 月,我记录自己班主任工作的第一本书《我和我的书香班》正式出版发行。我用自己的踏实行动,诠释了读书和写作相结合的重要意义。这为书香班的文化建设增添了浓墨重彩的一笔。班主任是班级形象的代表。班主任热爱阅读,学生也会爱上阅读;班主任勤于写作,学生也会喜欢写作。师生是相互滋养的。可以说,《我和我的书香班》的出版,不仅让我收获了班主任专业成长的果实,也激励、鼓舞了书香班的学生们。机会再次降临。为了推动读书和写作,浙江工商大学出版社特意在出版社的官方微信公众号"青春同文馆"上,为书香班量身定制了读书专栏。专业美编设计,经典美文选读,专业音乐配送。我紧紧抓住了这个机会。书香班副班主任周玳老师的朗诵水准很高,在她的倾情指导下,第一期美文朗读《少年中国说》,顺利推送。书香班的8 位男生,在苑飞雪《龙凤呈祥》的激烈豪迈音乐里,用男子汉的阳刚豪情与青年人的虎虎生气，激情朗诵《少年中国说》。在金秋十月，伴随着理查德·克莱德曼的《星空》，我们书香班43名少年又在周玳老师的指导下，深情吟诵雪莱的《西风颂》。就这样，书香班的学生们用诗歌吟诵的方式，打开了一本本经典，真正让书香飘起来，生活宽起来，青春厚起来。美哉，我少年书香班！壮哉，我书香班少年！

系列读书文化活动

高一下学期开始，我开展了一系列积极有效的书香班文化建设活动。我以读书为核心，激发学生在读书中提升精神高度，厚实青春宽度，扎实青春根基。我利用学生可利用的一切读书资源，可操作的读书方式，可到达的读书地点，不遗余力地对书香班级文化建设躬身实践。校园里，我精心组织读书沙龙。我和学生共读22本书。每月一次，用读书沙龙的形式，进行深入交流。话题包括读书心得，主题探究，人物分析等。在交流中，学生们明确了作者立场，厘清了价值取向，掌握了人物心理，学会了情感分析。沙龙这种随意又开放的读书方式，可以说是书香班形象建设的重要巩固手段之一。

元旦跨年，我们书香班又"标新立异"，用"新年诗会"这样一种浪漫、唯美、有质地的读书方式，迈入崭新的一年。

校园外，我致力于读书资源的开发。"读万卷书，行万里路。"我带领学生，用人文行走的方式，让读书和行走建立连接。民国北山街、温柔西子湖、浪漫雷峰塔，都留下了我们行走的足迹。读一读先贤留下的文字，走一走先贤走过的路，穿越千古，真诚对话，诗意表达。

校园外，我组织学生"寻找杭城最美书店"。书店是城市最美的风景。我鼓励学生放下手机走出家门，走进图书馆，步入书店，陶醉在书店的氤氲书香里，遨游在书里的广袤世界中。"谈笑有鸿儒，往来无白丁"，"腹有诗书气自华"。

这是书香班的学生最美的模样。

校园外，我还组织学生走进剧场看话剧。5月的一个周末，在张媛经理的鼎力支持下，我带领全班学生和8位家长走进杭州蜂巢剧场，观看由黑猫剧团出演的话剧《年轻的野兽》。学生们看得忘记了上卫生间，忘记了玩手机，他们看得着迷，看得入神，那种专注令我感慨，那种满足让我欣慰。演出结束后，学生们还和黑猫剧团的演员合影留念。学生兴奋地说，从来没有看过话剧，终于知道了话剧原来如此迷人。学生还说，话剧团的哥哥姐姐们真是帅气美丽啊，背带裤、白衬衣穿出了知性美、儒雅帅。

总之，我通过文学沙龙、新年诗会、人文行走、寻找杭城最美书店、走进剧场等活动，激发学生读书的热情，引领学生走进书的世界，从而丰富了青春世界，厚实了人生。更重要的是，读书的观念进一步渗入学生的大脑和心灵，同时也让书香班的形象得到了巩固和加强。

评上书香班

实践总是和反思连在一起的。在书香班文化建设中行走了一年的路，我想是时候总结反思了。我想让学生们反思：读书究竟给我们每个人，给我们书香班带来了什么？仅仅是几次活动体验吗？这显然不是我反思的目的。

　　真是无巧不成书。高一期末的时候,学校要举行"特色班级评比"。当我把这个消息告诉学生们的时候,学生们都信心满满地说:书香班非我们莫属。我在心里默认的同时,克制了脸上的喜色。我装作很平静的样子,对学生说:"不要臆测,用事实说话,说说凭什么我们能评上书香班。"学生们七嘴八舌议论起来,讨论的内容大都是我们班如何与众不同地开展读书活动,如何金光闪闪地在体育馆再现古战场场景,如何诗意地人文行走,如何别出心裁地制定论语班规等。每次回忆,都是对书香行走之路的幸福回味。为了引导学生思考活动背后的成因,我微笑着问:"我们为什么要举办这些活动?"有个学生不假思索地说:"为了建设书香班。"话音刚落,全班哄堂大笑。我也笑了。顺着学生的回答,我又问:"建设书香班又是为了什么呢?"学生们缺的真不是智商。很快,学生们说:"我读书,我选择。建设书香班是为了让读书成为我们的一种生活方式,成为青春岁月里,最美好最浪漫的事。"我和全体同学,使劲鼓起了掌! 不出所料,我们班被学校评为书香班级。听到这个消息,全班兴奋地异口同声喊了句"耶!"至此,书香班级基本定格。

班级精神的践行

"我读书，我选择"——班级精神的定格，令人欣喜。这充分说明书香班的班级文化核心要素基本形成。但是，要让这种核心文化深深扎根到泥土里，还必须真正落实到帮助学生圆梦的教育实践中。

时光如梭。书香班的学生们转眼升入高二，成了高二年级的一员。根据学校安排，高二下要实行高职和就业班的分流。书香班即将重组！学生们万般不舍，但也只能把这种情绪埋在心底，大家最希望的是尽最大努力考入 A 班（冲本班）或 B 班（高职班）。有了"我读书，我选择"的理念，书香班学生的学习态度已经不成问题，关键是要让学生的努力获得最好的回报。

我决定为书香班的学生们做点什么。我自然想到了主题班会。主题班会，重在"理念"和"感悟"，并且应朝着一个方向持续发力。为此，我以发扬"我读书，我选择"班级精神为出发点，围绕"圆梦分班考"，精心设计了三堂主题班会，一周一节。第一节：目标——飘扬的旗帜；第二节：努力——成长的氧气；第三节：信心——驰骋的黑马。一条主线，三个活动，层层递进。我想告诉书香班的同学们：或许我们都还不够优秀，但我们有自己的方向并从未放弃努力。因为，你的人是对的，你的世界就是对的！

飘扬的旗帜

目标被喻为旗帜。它是行动的指南，往往起到方向导航作用。分班考是学生人生中的大事，从某种意义来说，堪比中考。杭州城里的学生，高中毕业就想去就业的不多。大部分学生还是想继续到大学里深造——尽管有些学生学业成绩不理想。随着本科向中职生的开放，部分学业成绩优秀的学生还想升入本科专业学习。所以，虽然"职高"以就业为导向的目标和电商 177 班的班情、学情不符合，但最终考量的还是升学率，尤其是升入"冲本班"和"高职班"的升学率。因此，当下班级最重要的事情就是把"我读书，我选择"的班级精神落实到每个学生具体行为中，帮助学生圆梦。而落实的关键不是态度，而是学习的方法。在贯彻班级精神的过程中，我首先是帮助学生合理科学定位，清晰自己的成长目标。

对于目标，我参考了现代管理大师德鲁克的目标管理理论，引领学生根据自身情况，以最终结果为导向，身体力行地制定目标，避免缺少理性思考造成的冲动和盲目。在实际情况之下，又要激发学生的学习潜能。"跳一跳，摘桃子"，最近发展区原则等科学概念，深入学生内心。应该说，书香班最终升入冲本班和高职班的学生，其定位都比较合理，且都在我的意料之内。为了巩固目标，让目标有仪式感，我精心设计了主题班会。从目标的价值、目标的制定方法、目标的实现行动三个方面加以诠释。最后，让学生们在贴满"福"字（由王余星和占涵垒书写）的教室里，在印有"目标是旗帜"的彩色纸上，写下自己的目标，并郑重地签上自己的名字。我想，因为这庄严神圣的一刻，这一天注定和其他日子不同。

成长的氧气

班级精神践行的另一个重要方面是培养学生好的学习习惯，帮助学生找到适合自己的好的学习方法。班里的很多学生不是缺少态度，而是缺少习惯；不是缺少目标，而是缺少方法。

继第一次主题班会后，我精心设计的第二堂主题班会的主题是：努力——成长的氧气。我和学生说，努力是找寻方法和培养习惯的基石。于是我模仿丘吉尔那次著名的演讲，进行了升学动员演讲："我们永远努力。我们在课堂上努力，我们在图书馆努力；我们在教室里努力，我们在操场上努力；我们在讨论中努力，我们在沉思中努力；我们充满信心地努力，我们精神抖擞地努力；我们是努力燃烧的向日葵，我们是努力成长的麦兜娃。2019 阔步走来，书香班昂首向前。我们定将努力进行到底！"我讲得激情，学生们听得更激情。我们每个人多多少少被震撼到了。在音乐声中，在我的激情演讲的话语声里，学生们走上讲台，郑重地在印有"努力是氧气"的彩色大纸上写下自己的名字。写下就是永恒。

能努力还得会努力。会努力就是指有方法。对于中学生而言，同伴辅导、现身说法等方法更具有实效性。同伴辅导主要是指书香小组一对一帮扶，交换如何管理时间、怎么调节情绪等，目的是激发学生的潜力。现身说法，主要指课代表以及科目学霸的学习经验分享，如如何快速理清复习思路、如何跟上老师讲课节奏等。另外，我还邀请了2014 届书香班优秀学长介绍学习心得，传授一些可借鉴、可操作的好方法。在这过程中，我还注重对学生的"适合自己的最佳学习模式"的探索。适合自己的就是最好的，盲目效仿可能东施效颦。

学生们总是会带给我惊喜。在班会上，有学生问，遇到问题解决问题后，可以给自己怎样的奖罚？学生们七嘴八舌，讨论的奖罚条例，有趣又生动。在此我摘录几条：奖：买零食，喝杯奶茶，和"老班"陈老师合影，双休日去郊游；罚：不买零食，断网一个星期，吃两个肉包，不穿袜子穿鞋子。

学生们喜欢这样的讨论。讨论会结束后，学生毛明说："我感觉到我的思维开始活跃了，对于期末考也充满了希望，对于很多问题突然有了解决的办法，我想这就是思维碰撞的结果吧！我希望这样的讨论会多几次，感觉可以让我们的思考更加深入，对于问题有更多的解决方法。这对于提高学习成绩，肯定靠谱！"

驰骋的黑马

优异的成绩"七分靠技术，三分靠心态"。所以，每到考试季，学校总是会忙着对学生们进行考前辅导。考前辅导的侧重点就是考试焦虑辅导。坦诚地说，在升学考试这件事情上，中职生的考试焦虑远没有普高学生来得大，甚至很多学生根本就没有考试焦虑。其中的原因可能是小学、初中应试教育的失败体验让学生们麻木，也可能是高职考试的升学率一直很高，随着国家对职业教育投入的加大，只要拥有端正的学习态度，升学不是一件十分困难的事情。因此，在升学这件事情上，学生用不着焦虑。因此，从心理辅导这个层面上来说，我放弃考试焦虑辅导（保留个别辅导），转向压力管理。这个压力管理不是减轻压力，而是适度给自己增加压力，从而激发自己的潜能。我用案例法、实验法进行了具体的辅导。

学生王文婷写下了这堂团辅课的心得：

上课伊始，陈老师给我们讲了一个心理学理论，叫作"A＋B＝C"，当然这里的等式不是我们数学里普通的加减法，这里的 A 代表事件，B 代表心态，C 则代表感受，而能改变这里 C 的因素就是 B。就好比一个杯子里装有半杯水，不同思想的人就会有不同的想法，乐观的人会说："太好了！我还有半杯水。"而悲观的人会说："真糟糕！我只剩半杯水了。"可见，看法决定了我们的感受。接着，陈老师给我们讲了一个故事，大意是一个牧师的儿子快速修复地图。故事引出"你的人是对的，你的世界就是对的"的结论。学习了情绪 ABC 理论和修复地图故事，我得到启发，原来，要想改变一个人的行为，首先要改变他的看法。只有改变了一个人的看法，才能让"你的世界就是对的"。接着，陈老师说，面对即将到来的分班考，我们要做的是让自己保有适度的压力。适度压力才能让成功的概率更大。

陈老师决定用事实和实验来论证。她列举了一个"重量更重的船不会翻"的案例，具体说明"压力越大，船才越不容易翻"的道理。接着，她向我们全班抛出了一个问题：在一个装满水的杯子里放回形针，到底可以放几个？这个问题极大地引发了我们研究的兴趣。

这个环节最精彩。我们做了一个实验：在一个装满水的杯子里放回形针，到底可以放几个？7 个？10 个？20 个？我们兴奋又好奇，个个摩拳擦掌，跃跃欲试。很快，6 个书香小组进行了分组实验。我们都很有耐心,围在桌子边上,一个一个地向杯子里放回形针,生怕水溢出来。让我们感到惊奇的是,装满水的水杯,竟然还能装下 200 个回形针! 要不是亲自实验,我是不敢相信的! 这个游戏告诉我们,永远不要低估自己承受压力的能力,也要永远相信自己有无限潜能。

尾声部分,陈老师给我们讲了高考中的"黑马现象",鼓励我们争做那匹笑傲高职考的黑马。经历了这节课,我现在终于真正明白了"压力就是动力","你是对的,你的整个世界就是对的"的真正含义。我想,这是这节主题班会课的最大价值。

应该说,经过三堂系列主题班会,我从目标、方法到心态三个方面对学生进行了接地气、有效果的辅导。高二开学两个月,书香班的学风健康发展,全班学习态度端正,积极求上进,实现了从"要我学"到"我要学"的转换。比如,数学课。原先班里大部分学生谈数学色变。学生们总认为数学是学习成绩的克星,加上一直存在的习得性无助,加剧了学生们对学习数学的畏难情绪。可是,在高二第一学期,班里的"数学风"一扫以前的沉闷和颓靡,大部分学生学习状态昂扬,学习激情较为浓烈。学生们喜欢上数学课,盼着上数学课。不仅上课专心听讲,下课时间也常常三五成群地讨论、研究数学。教室里经常可见的情形是:下课铃声早已响起,数学老师徐江艳还被学生"纠缠"在讲台边脱不开身。

良好的班风带来了学风的健康发展。下课时间,还在钻研题目的身影与日俱增;放学时间,三五成群聚在一起讨论案例的现象,不胜枚举;在各项学科竞赛、技能竞赛中,书香班也频频获奖。当然,最令人欣慰的是,良好的班风学风带来了学习成绩的提升。分班考中,书香班成绩斐然:考进 A 班 13 人,B 班 23 人,C 班 7 人(其中 4 人主动选择就业)。

在回顾一年半的班级精神文化建设之路的时候,我发现,"我读书,我选择"的班级精神从萌芽、成形、定格到最后的落实践行,很好地一步步地完成了班级精神的积淀。美国心理学家斯金纳说,教育就是把在学校里所学的知识都忘掉,剩下的东西才叫教育。我想,"我读书,我选择"的班级精神文化建设就是教育,我相信,这种教育会影响学生们的未来。

书香高职预备班精神文化建设

　　但凡说到班级精神文化，我总会想起电商 146 班。眨眼 3 年过去了，学生们时常抽空来学校看我，师生聊得最多的话题就是"想我们 6 班当年"。是啊，想我们 6 班当年，不畏困难，众志成城，全心全意"我要上大学"的样子；想我们 6 班当年，顶住被轻视的委屈，不抛弃，不放弃，用努力证明自己有实力的样子；想我们 6 班当年，无惧无畏，扛着京剧脸谱展板，意气风发，昂首阔步行走在杭州体育馆跑道上的样子。

　　人是需要有点精神的，一个班级也是需要有点精神的。我经常和学生们说，你想活得有尊严，就必须让班级有尊严。想让班级有尊严，你必须时时牢记，45 个"我"就是 1 个"我"，我是有精神的，我们班级是有精神的。

敢问路在何方

班级精神文化是班级师生所形成的价值观、道德观、行为方式、集体舆论以及各种认同意识所表现出来的文化形态。班级精神文化在班级文化建设中举足轻重，它是班级文化的核心。因此，电商 146 班也一定要有属于自己的班级精神文化。那么，电商 146 班的班级精神是什么呢？为什么要有这种班级精神？它又是怎么来的呢？

望、闻、问、切

2016 年 6 月下旬，高三年级高职、就业分流。全年级各班合计 45 个学生，没有达到高职班分数线，又不愿意去顶岗实习，于是就有了冠名"高职预备班"的电商 146 班。班里的学生是全年级 5 个平行班层层筛选后"淘汰"下来的后进生，学习成绩自然不如意。当初接班的时候，领导给我的班级管理的定位就是"管管牢"。升学没有指标，也可能是实在没有办法下"指标"的缘故。后来，大概过了一周后，有一次闲聊，领导和我说："去年实习班，8个人考取了高职。"我想，领导说这话的潜台词是给我们146班8个考高职的指标吧。说实在的，我也没把这个指标放在心上，因为我对这个班还很陌生，而当班主任的第一要务是了解班级，掌握学情。

正式接班是在6月底。我和学生朝夕相处了10天。我通过"望、闻、问、切"的方法，忙于了解学情。暑假里，我把自己的观察思考以及从各种渠道得到的学生的各种信息，认真地进行了梳理。9月份开学第一周，我对我的暑假思考和反思进行了"精准实证"。就这样，经过20天的努力，我基本理出了班级状况的大致脉络。

望：先说物理环境。班级被安排到学校5楼最西边的教室。教室墙壁、地面、讲台等杂乱无序，目光所及舒适度偏低。班级学生值日工作完成度低，在班主任缺位监督的情况下，男生逃避，女生敷衍。再说人文环境。班级中小群体林立，小群体之间又彼此"轻视"，所以班级成员间嘈杂又沉闷。

闻：每天找2—3位学生聊天。在聊天中加强师生互动，也在聊天中了解学生的心理、思想状态。我对全体学生进行了升学就业意向调查，了解到全班45人全部想升学。

问：经常有目的地和学生以前的班主任、任课老师聊天、交流，以此了解学生的成长历程以及家庭教育情况，以便尽快找到学生现状和过去的联系。

切：班级整体精神和学习状态处于中等偏下水平，学习基础差，学习习惯差，学习态度差。部分同学认为，被"分到"高职预备班的原因，是原班主任管理能力弱以及班主任对自己的偏见。因此，对原班主任存有怨恨情绪。班里有严重后进学生 2 名，被孤立学生 1 名。

诊断报告：班级整体散乱，集体观念缺乏，行为养成习惯差，自信心薄弱。学生普通对自身问题缺少正确的认知。班级 45 个学生全部有升学的愿望，但是 38 人没有踏实的努力。男生普遍不爱学习，耐挫力差，好惹是生非；懒散，无规则意识；对老师缺乏信任，家庭教育环境差。

在聆听我的开学第一课后，有个学生递给我一张纸条："陈老师，说实话，当初知道我被分到预备班时我哭了一个晚上。我感觉自尊心受到了严重伤害。我也曾经怨恨过自己，埋怨过先前的班主任，但是现在我明白了：错在我自己。高三了，此时不搏更待何时，我要对得起自己，在最后一年真正地自尊一回，用考试成绩证明自己。"读了这张小纸条，我内心还是起了波澜。虽然学校给了我 8 个人的升学指标，但是，我当班主任的价值和意义绝不是为了完成指标。我必须有所作为。于是，午休时间，征得学生的同意后，我以这张纸条为引子，开了微班会。我动情地对班里学生说："6 班是高职预备班，被分到这个班的每一个人都很失落和自卑，但是自卑和失落有用吗？我们不妨扪心自问：为什么被分到了这个班？我的学习态度端正吗？我的学习习惯优良吗？我勤奋好学了吗？我是否对高职只有心动没有行动，浑浑噩噩，得过且过？我希望，在回答完这些问题后，每一个同学铆足劲，发扬'不抛弃，不放弃'的许三多精神，活出奋斗的高三，努力的高三，有尊严的高三！"

狠抓常规

在我提出"不抛弃，不放弃"的班级精神后，学生们着实慷慨激昂了一番。但是，获得真正的精神成长，不能靠喝鸡汤。面对电商 146 班这样一支底气单薄而理想丰满的队伍，班级建设首先要做的就是"管住"学生，培养学生良好的行为习惯。这是班级精神文化建设的基础。

行为研究表明，一个人一天的行为中，大约只有 5% 是非理念行为，属于非习惯行为，而剩下 95% 的行为受理念支配，属于习惯性行为。6 班很多学生是带着诸多行为习惯问题步入书香教室的。比如：屡次迟到、不服从手机管理规定、在教室吃早饭、上课随意聊天等。这些行为问题的背后最重要的原因是长时间不良行为的习得，纠正不良行为的关键是要让良好行为形成习惯。美国教育家霍瑞思·曼有句名言："习惯像一根缆绳，我们每天给它缠上一股新索，要不了多久，它就会变得牢不可破。"那么，该如何养成习惯呢？企业家易发久研究发现，习惯的形成大致可以分为三个阶段：7 天刻意提醒期，21 天意识控制期，90 天无意识控制期。也就是说，看似简单的行动，如果重复坚持 21 天以上，就会形成习惯；如果坚持重复 90 天以上，就会形成稳定习惯；当然，如果能坚持重复 365 天以上，你想改变这一习惯都很困难。

书香班级管理，就从 21 天开始吧，我决定狠抓常规管理。常规管理的前提是制定一个可执行易操作的规章制度，使班级各项工作有章可循、有条不紊。基于高三年龄段特点和高三学期高职考的主要目标，我和学生们经过民主讨论，制定了新书香班班级管理"八项规定"。

书香班班级管理八项规定

①尊重任课老师,事师之犹事父。

②端正学习态度,按时完成作业。

③按时到校,如果发现可能要迟到,第一时间打电话告知班主任。

④认真完成值日,保持教室环境整洁。

⑤禁止在教室里用餐(包括吃有重气味的零食),保持教室书香气的纯正。

⑥按时到校,到校即入教室,及时上交手机。

⑦尊重同学,友爱同学,团结同学。

⑧班主任打来的电话,没有特殊情况必须接听。

八项规定是班级管理的基础和底线。为了监督和执行,我在开学头一个月没有穿过一次高跟鞋,经常性地以"恐怖片"的形式,来回出没于教室、窗口和走廊,通过脚勤、眼勤、脑勤的方式掌握第一手班级资料,保证了班级正常教学秩序和班级规章制度的有效执行。同时,通过对"八项规定"的贯彻执行,培养了学生良好的行为习惯,哺育了班级优良的集体风尚。总之,常规管理的有效执行,为学习习惯的养成创造了一个优质的外部条件。

要让高三年级的学生遵守规则,德育管理很重要的一点就是要让学生明白我这样做的原因,以及这样做的依据。因此,在严格常规管理之时,我还让学生背诵相关的名言警句。这样做,一方面是为了从理论

上对学生进行养成教育,另一方面也是为了训练学生的思维,让学生在
"八项规定"和格言间建立理论和实践的连接。于是,我又和学生一起
围绕"八项规定"的内容要义,精心挑选了"事师之犹事父也","人生若
没有一段想起来就热泪盈眶的奋斗史,那这一生就算白活了","停下休
息时,不要忘了比你优秀的人还在奔跑"等21句名言警句进行"理论学
习"。我一边狠抓"八项规定",一边狠抓理论建设,要求学生每天背诵
记忆一句。实践下来,学生普遍反映,学习斗志提升了不少。还有学生
调侃说,写作文时,理论论证的材料也丰富了。

事师之犹事父

众所周知,要帮助学生实现高职考理想,单靠班主任的努力是远远
不够的。尤其是像6班这样一个学习习惯差、学习成绩不如意、学习态
度也不端正的班集体,如果没有任课教师超水平发挥教学能力,超常规
拥有师爱之心,学生要想考出好成绩基本是空想。所以,我一方面努力
当好任课老师的"参谋"与"助手",另一方面教育学生必须尊重每一位
任课教师,珍惜每一位教师的劳动。事师之犹事父。但凡不遵守课堂
纪律,和任课老师发生顶撞冲突的,一律处分。虽然任课老师可能会说
错话,做错事,但是你随时可以和班主任沟通,"虽然我不同意你的观
点,但我誓死捍卫你说话的权利"。事实上,6班的每一位任课教师都
付出了很多,他们也赢得了学生们永远的尊敬。数学老师范建秋、网站
建设老师蒋徐贝、市场营销老师倪维虹等,每次说起他们,学生们的眼
神里都充满了感恩。有学生在毕业纪念册上对营销专业老师倪维虹

说:"你是我生命中的贵人,不能忘记的那个人,也许一直无以回报,但我始终懂得感激。"

金榜题名终有时

经过 21 天的班级建设,班级精神的成长已有了适宜的土壤和气候。发展的管理目标被提上了管理日程。

从 21 天到 90 天

青春期的学生特别喜新厌旧。根据这个特点,在接下来的 69 天里,我本着主题鲜明、形式多样、集中发力的原则,着力于班级精神的枝繁叶茂。

(1)发现美好,随手拍

由于众所周知的原因,习得性无助是 6 班学生的通病。摒弃习得性无助的良药是培育自信的种子。自信不是口号呼之即来,而是学生在生活中真实的体验积累而形成的。除了上课,我手机不离手。目的只有一个,发现美好,随手拍。粗心大意的俞骏阳指出了语文试卷中一个标点符号的错误;沉默寡言的陈天阳为了钻研一道数学题,放弃吃午饭,独自一人在教室里冥思苦想;勤奋上进的黄子璇为了市场营销案例策略和同桌陈露争论得面红耳赤;清晨 7:00,魏倩云、沈芸慧、汪志柢、周庄涛早早关闭手机,兀自在教室安静自修;午休时间,饶旭、顾文昊、刘竞宇、施宇龙、徐江涛从 5 班请来了好友徐鑫狄,5 个人围成一圈,聚精会神地聆听学霸的讲解。这些美好,我都会用自动播放的方式,配上励志歌曲,第一时间在全班播放和表扬,同时也会在第一时间以家校通短信的方式告知家长。

(2)经典视频,集体议

小视频、经典电影、比赛录像等都是励志教育的好素材。里约奥运会女排冠亚军决赛录像、电影《阿甘正传》、电视连续剧《士兵突击》、潘婷创意广告《我能型》、安利营销广告《成功就是简单的事情重复做》、宣传片《我是职高生,我为自己代言》等等,这些作品的教育价值,很多时候远胜于一堂主题班会课。或者说,它们本身就是最好的主题班会课。

(3)励志歌曲,大家唱

全班精心挑选了 6 首歌曲,其中必唱歌曲 3 首。全班唱响的第一首歌曲是周杰伦的《蜗牛》。这首歌曲调激昂,韵律动感,更重要的是歌词非常应 6 班学生内心的景。所以,每当全班齐唱的时候,我总有一种激动得想流泪的感觉,仿佛我也和学生一样,是那只一步一步努力前行的蜗牛。另外 5 首歌曲是《真心英雄》《倔强》《追梦赤子心》《我的未来不是梦》《隐形的翅膀》。午间一刻、放学前 3 分钟、班会课等时间,这些歌曲回荡在教室里,回荡在学生们的心中。

班级精神培育 90 天时,我们班级举行了朴素而隆重的励志歌曲联欢会。学生们引吭高歌,心情澎湃。小组唱、独唱、表演唱;奶茶杯、练习本当话筒；棒棒糖、苹果、旺仔牛奶当奖品。这场别样的演唱会的歌声，终将穿透教室的四面墙壁，植入学生们的心灵。

就这样，从 21 天到 90 天，书香 6 班完成了习惯培养到巩固的跨越。这种跨越对班里的每一个学生都具有非凡的意义。它帮助学生树立了这样一种思想：只要我学会坚持，"不抛弃，不放弃"，我就一定能行。

京剧脸谱里的荣耀

班级精神需要高光时刻。学校要举办秋季运动会了。我想运动会上的展示是班级精神的最好展示。学生们克服了很多困难，诸如参赛经验缺乏，全班参加过全校比赛的学生仅有 6 人；入场式体验稀少，曾经参与入场式的学生仅有 14 人。尽管如此，我仍然对比赛抱有很大的希望，因为 6 班的学生集体荣誉感已经播种，个体的主观能动性已被唤醒，班级精神的种子已经在学生的心中开花。现在需要的是用活动为载体，进一步使其激发、张扬和生长。

我和学生思来想去，要想让入场式出彩，唯有创新。我们想到了里约热内卢奥运会上，自行车选手宫金杰和钟天使头上绘有穆桂英和花木兰脸谱的头盔。奥运赛场上，新时代的穆桂英和花木兰跨越千年，联手出征，击败了对手，向全世界展示了中国女运动员的风采。那么，在杭州体育馆的跑道上，也可以演绎电商 146 班"不抛弃，不放弃"的班级精神。无奈，淘宝上京剧脸谱头盔价格昂贵。学生们想到，可以让全班同学戴上和脸型匹配的脸谱面具宣传造势，自己 DIY 制作展板烘托气氛，然后用"关公耍大刀"的表演强化"斗志昂扬"的精神气儿。魏倩云和沈芸慧两位女同学从网上下载了京剧"生、旦、净、末、丑"五个行当的脸谱图，切割、打印，一点点，一笔笔，重新勾勒整合，最后，用工匠般的精细和谨慎粘贴到 5 块展板上。体育委员第一时间选购了 T 恤和小彩旗。为了节约小彩旗的旗杆费，沈芸慧从自家工厂拿来 6 根竹棒，在学校物业师傅的帮助下制作成 31 根精致的彩旗旗杆。入场式的亮点是关公耍大刀。蒋一豪同学为了把关公演绎得惟妙惟肖，一有空余时间就拿着把扫帚勤学苦练。

按照学校惯例，运动会入场式参加人数为 30 人，但是，我经过深思熟虑，又征求了全班同学的意见，我们班要"一个都不能少"地参加入场式表演。学生们争先恐后地"抢"岗位。有的学生"抢"到了拿京剧脸谱展板的岗位，有的学生"抢"到了道具分发、收集的岗位，有的学生"抢"到了录音剪辑和录音播放的岗位。学生高宇航脸上皮肤正在治疗，平时都不能接受太阳的照射，但是为了能参加入场式表演，在征得医生同意并且获得指导后，第一时间"抢"去了拿展板的岗位。

运动会当天，中间方队 30 位同学戴着脸谱面具，挥舞着小彩旗，方阵前方 2 组共 6 位同学拿着"生、旦"脸谱展板，方阵后方 3 组共 6 位同学拿着"净、末、丑"展板，气势恢宏地步入运动场。我们班的中华京剧脸谱秀华丽上演。广播里传来熟悉的入场解说词："迎面走来的是电商146 班，看，他们步伐整齐，激情豪迈，心中装有大学梦想，努力和拼搏在他们身上洋溢，友爱与鼓励在他们心中传递。这是一个怀抱理想，积极进取的班级。'不抛弃，不放弃'是他们的起点；敢于超越，追求进步是他们的目标。理想的旗帜高高飘扬,踏实的脚步永不停息。希望永远,青春万岁!"伴随着"红脸的关公战长沙,黄脸的典韦,白脸的曹操,黑脸的张飞叫喳喳"的音乐响起,以 5 块脸谱展板为背景,以 30 个学生脸上的京剧脸谱面具为点缀,蒋一豪版"关公"现身。只见他拿着"青龙偃月刀"奔跑入场,一个转身,唰地亮开架势,翻身腾跃,左突右冲,上下挥舞。那红色朝服,黑色官帽,飘飘须发,以及在阳光照射下闪闪发亮的"大刀",稳健洒脱,动若飞龙。真的是舞出了忠义,舞出了厚重的民族之气。运动场上掌声如雷。这次中国风、民族味的入场式表演,激发了班里每一个同学内心最蓬勃的力量,给予了同学们最深刻的生命体验。当我在教室里播放入场式视频的时候,全班学生几乎是屏着呼吸盯着电子液晶屏幕看,脸上那种自豪感和幸福感久久洋溢。

决战高职考

我一直很欣赏一句话:"霸气源于自信,自信源于实力,实力源于努力。"对于一个学习成绩处于弱势的班级来说,帮助孩子们体验成功,体验到成长的快乐,才能够帮助他们树立自信。唯有如此,斗志才会被激发,精神才会得到真正意义上的滋养。

"不抛弃,不放弃"的班级精神最终剑指高职考。根据班级实际情况,我认真分析了形势,研究了学情,决定采用"集中优势兵力"打赢高职考第一仗;精准帮扶,确保学生高职提前自主招生成功;再接再厉,一鼓作气决胜 4 月、6 月高考的三步走策略。这个三步走,既是顺势而为,又是迈小步、跨大步的日益跟进。

继运动会之后,班级学生的精神状态又进入了一个新的境界。士气、精气神又得到了很大的提升。这个时候,需要趁热打铁,让班级精神的体现达到一个小高潮。寒冬 12 月,市场营销网站建设的高职考即将来临。借着入场式的"辉煌",我在班里进行了"煽动",告诉学生要学习的不是如何让自己强大起来,而是让自己原本就具有的强大展现出来,拂去尘埃,闪闪发光,铮铮作响。学生们斗志昂扬地进入了复习"备战"状态。市场营销高职考如约而至。守在考场外的我,脸上无比的淡定,心里还是有点紧张。因为我深知首场高职考对于学生的意义,对于我们高职预备班的价值。天道果然酬勤。网站建设技能考,班级平均分 87 分,兄弟高职班平均分 96 分。我们和他们整体只相差了 9 分。这大大激发了学生"不抛弃,不放弃"努力的热情,同时,也让学生们真切地看到了努力路上进步成长的足迹。

第二场高职考科目是市场营销,市场营销是 180 分的"大户"科目,也是我们预备班的抓分点。为此,我们全体铆足了劲,要在这门科目上创造佳绩。表面上看,这门功课似乎只要背诵和记忆就能得高分,实际上,理解非常重要,理解了才能融会贯通,举一反三。为此,我一方面积极配合市场营销老师,督促学生每天完成背诵量,另一方面利用各种机会向学生们灌输理解的作用,利用语文课教学时机,加强阅读理解能力指导。高职考成绩出来,我们全班备受鼓舞。我们班市场营销考试成绩平均分和高职班相差 12 分,8 位学生的考分超过了 120 分。"不抛弃,不放弃",我和全班都觉得我们高职预备班真是有点了不起哇!

第三场考试,6 月 7 日,全国统一考试时间,考语文和数学这两个科目。值得一提的是，6 月高职考前，我们班有 4 个学生参加了高职院校提前自主招生考试。提前自主选择心仪的学校，给自己多创造一个选择的机会，本身就很励志和正能量。两位男生选择的是空乘专业。为了帮助其圆梦，我积极和学校形体老师联系，帮助他们训练仪容仪表，同时我也和学生一起斟酌他们的自我介绍文字。两位男生很幸运，他们被育英职业技术学院录取。他们的被录取，又在班里绽放了"我也能行"的"不抛弃，不放弃"的班级精神的自信之花。在备受激励的高考号角声里，全班学生笑傲 6 月高职考。全班交出了一份优秀的答卷：全班上线。语文成绩平均分 102 分，和高职班相差 8 分；12 名同学的数学成绩达到 90 分以上。

书香 146 班圆梦了。回首一路留下的印迹，我和学生们倍感欣慰。认真思考后，不难发现，这样的成绩既是在意料之外，又是在情理之中。我想，"不抛弃，不放弃"是许三多的座右铭，是我们书香 146 班的精神文化。其实，它何尝不是你我的座右铭呢？

青春永不散场

2017 年 6 月，书香 146 班全体学生毕业了。全班 45 个学生全部考上高职院校，其中 8 人还达到了浙江省最有名的"三经一商"的分数线。按照约定，班级要举行书香特色的散伙饭聚会。聚会地点选在杭州尚城 1157·利星保拉纳啤酒坊，一个很宽敞很有文艺气息的地方。木质桌椅，泛旧阳台，绿意盎然，装点古朴。最重要的是，场地中间还有一个供乐队演出的方形小舞台。这个仿佛在闪闪发光的小舞台啊，要有多美就有多美。大屏幕缓缓播放着学生们高三这一年里学习生活的点点滴滴，*We Are Young* 的音乐弥漫了整个屋子。音乐之下，39 名同学（由于各种不可控的原因，学生缺席 6 人）、11 名家长、1 名班主任，快乐地吃着美食——巴伐利亚盘肠、巴黎式煎鸡排、奶酪肉卷片、德式酸椰菜、夏日沙拉、香烤玉米和薯角，孩子们家长们个个喜笑颜开。美食过后，"最后一课"——"致青春"主题班会开始啦！

活成自己想要的样子

作为班级学生成长的重要见证者，我的欢欣无与伦比。那天我一袭红裙，并且在红裙上特意缀上一朵蓝色的马蹄莲。我认真准备了祝福的语言："石榴花开，蝉鸣仲夏，书香班的同学们，我们全部考上大学啦！回首高三这一年，一幕幕画面在我的脑海里翻滚。虽然我们学习起点低，但是一年来，我们不输斗志，不输激情，不输勤奋和踏实。心在哪里，方向就在哪里。回忆何其美，一切都是那么的楚楚动人。我们曾高举京剧脸谱的展板在杭州体育馆的跑道上昂首阔步，我们曾握着奶茶杯在 2505 教室深情歌唱，我们曾拿着'金榜题名'的圆珠笔为第一次高考的成功隆重庆祝。我们用脚踏实地彰显努力的意义、勤奋的价值。我们用汗水让高三学年的每一天都闪闪发亮。书香是青春最深情的告白。我们一起阅读经典好书，我们一起评论电影，我们一起举办文学沙龙，我们一起放歌红五月。凡是过去，皆为序章。同学们去大学象牙塔仰望星空，到图书馆饱读诗书，放大自身的格局，着眼无尽的未来，脚踏实地地走出属于自己的美丽青春！我和我们的书香班，看得见离别，却难以说再见。感谢我们的相遇，无数个今后的日子，我会无数次地想起你们。麦子的颜色是金黄色的，我将聆听风儿吹过麦地的声音。书香班的同学们，祝福你们在大学里充实度过，祝福你们在求知的道路上，越走越宽广。祝福你们活成自己想要的样子。祝福你们永远年轻，永远热泪盈眶！"

我的寄语刚结束，掌声呼啸而来。我想，这如雷的掌声不仅献给我，也献给同学们自己！

走向大学

继班主任致辞后，"走向大学"篇接踵而至。主持人要求班里的同学用一两句话抒发自己步入大学的感想心得。

范晨聪说："读完高职肯定还要读本科，希望自己能学业有成！"

吴权说："考上大学了，很开心。我更自信了，永远想念高三这一年，永远怀念电商146班。"

吴艳琳说："原本以为自己可能要去读成人夜大了，可是自己竟然考上了大学，全班都考上了大学，自己好能干，全班好强大。"

王一磊说："在大学里还会经常到我们书香班的班级群看看，听听，电商146班万岁。"

俞骏阳说:"在高三这一年,刚开始的浑浑噩噩给老师添了不少麻烦,现在想来,老师们批评我时的严厉眼神好让我感动。"

高宇航说:"高三这一年,我改变了很多,成长了很多。考上大学了,我很开心,我想去当兵。在部队我会和我的战友们说一说我们电商146班的故事。"

吕立云说:"很幸运'考'到了146班,高三这一年,我对得起自己,无怨无悔了。我们大家大学里一定要多联系。"

蒋一豪说:"虽然我对高职考成绩不太满意,但是今天我依然很开心。因为我努力了,我尽力了。感谢我们一起度过的美好时光,我会记忆永存。"

黄子璇说:"高三这一年我的数学成绩进步很大,真的非常感谢老师的教育、同学们的帮助以及自己的努力。努力一定有回报,努力一定会开花。大学里,我们再加油,与大家共勉!"

冯梦婕说:"我做梦都没有想到我会被评上优秀学生干部,我会获得国家奖学金。感谢大家的厚爱,感谢自己的踏实认真。即将成为大学生了,开心激动之余,想得最多的还是在大学里要好好学习,要对得起高三这一年的努力。"

学生们说得认真而精彩。掌声裹着感动,欢乐夹着自豪。这简短的一句话时间实际上涵盖着一年来努力奋斗的全部意义啊!

孩子,我为你骄傲

在同学和家长的热烈掌声中,最感人的一幕上演了。11位家长代表依次上台发言，个个情绪高涨，喜形于色。是啊，我们班百分之百的升学率的背后，还站着这些可亲可爱的好爹娘啊。

姜雍爸爸："谢谢儿子你帮助全家实现了梦想。人生的每一步都是自己走出来的，因为人生道路只有两种：一种是赢，一种是混。想赢的人不会混，想混的人不会赢。儿子切记！"

余冬晴妈妈："孩子们，你们都是独一无二的天使。在今后的岁月里，多读书，读好书。古语说：书中自有黄金屋，书中自有颜如玉。你想知道的一切，书中都有答案。你能飞多远，飞多高，知识就是你飞翔的力量。"

吕立云妈妈："孩子，为未来加油！今朝经历高职考的磨炼，来日大学里一定会更加自信、灿烂和辉煌！"

吴权爸爸："路在自己脚下，各方面都胜过老爸是你的目标，希望我们家一代更比一代强。好好做人，努力学习，你肯定会比老爸强十倍。"

邵志远爸爸："乘职高学习之风，放飞高职人生理想。"

饶旭妈妈："妈妈希望你踏进大学校园后，有自己的理想。在大学里希望你努力学习，快快长大。等你学业有成，踏入社会，你一定能按照自己的理想快乐生活。妈妈看好你，儿子加油！"

张昕爸爸："儿子，愿你永远记得高三的努力，大学里好好学习，好好施展你的才华！"

何鸿飞妈妈："生命是一种莫大的赐予，每个人都有自己的闪耀点。你是独一无二的一个，要努力发挥自己的长处，用智慧、才情、胆略和毅力，开辟出一块属于你自己的土地。"

俞骏阳妈妈："往前走留下的是足迹,付出和得到相互对应。生活中没有做不到的,只有想不到的。努力吧,明天属于你!儿子,加油!"

蒋一豪妈妈："亲爱的儿子,当你步入大学校门,踏上走出家门的第一步时,人生的大门已向你敞开。除了美好的祝福——健康快乐、心灵富足,更愿你在大学里磨炼心性,独立自强,学业有成。愿正能量永远伴随你!"

朱凯妈妈："大学生活是一个人一生中最美好的时光,无论你做什么,希望你都能珍惜时光,不要虚度。要脚踏实地,一步一个脚印。大学所学的知识和锻炼的能力,是你日后生存和发展的根本。希望你能深刻认识到,无论是学习还是其他,都要争取做得最好,希望你能牢记并付诸行动。实现梦想需要持久拼搏,只要努力,梦想就会实现。相信你能成为同龄人中的骄子,让所有关心你的亲人为你自豪。"

家长们说得朴素而深情,学生们和我听得几乎要流泪。父母的爱,足以滋养同学们的一生。

一段故事的结束,另一个旅程的开始。高中毕业只是大学生活的开始。在我的班主任生涯中,电商146班是让我记忆特别深刻的一个班级。之所以深刻,不是因为它有一串摆得上桌面,能当作我"业绩"的数据,而是因为这个班的学生们努力的样子、坚持的样子。那些在大多数人眼里是后进生的学生,在奔向梦想的路上,开出的异常鲜艳的花儿,时常装点着学生自己,也时常装点着我。大概,这就是师生相互滋养的最美的样子吧。

实习班精神文化建设

　　2019年新年开学伊始，我校高二学生进行了升学和就业的分流。书香班被重新整编。根据学校工作安排，我担任实习班班主任。但是，这个实习班和以往的实习班不同，实习班是"流动"的实习班。何谓流动？确切地说，班里的41个学生，如果有考高职的想法，只要期中、期末考试成绩过学校选拔关的，就可以告别实习班，坐进高职班的教室。相反，那些已经坐在高职班里上课，但期中、期末考试成绩不如意，被淘汰下来的学生，则要走进实习班。

　　所以，刚开始，我会经常听到同事们语重心长地叮嘱那些后进学生"好好学习,否则就要到全校最差的班级——实习班去"。也经常听到班里那些渴望到高职班去学习的学生私下抱怨:这个实习班的学生学习成绩好差,上课不听,要么趴着睡觉,要么偷偷地吃东西,或者干脆和同桌聊天,玩纸上游戏。不时也会听到同事抱怨,上实习班的课真是受罪啊。更令人尴尬的是,第一周,五项竞赛评比,实习班样样垫底,时常被学校点名批评。班主任有时还会受到教导主任、德育主任的训诫。诚实地说,实习班班级管理难度之大,超乎我的想象。要是想到会这样,打死我也不愿意担任这个班的班主任的。可是,现在我已别无选择。

实习班过渡期的管理

学期初,我在班里进行了升学就业意向小调查。学生们的意向很快交了上来,令我吃惊的是,实习班想升学的学生竟然有 29 人,无所谓升学还是就业的 2 人,坚定地选择去实习的只有 10 人。看到这样的数据,我心情颇为沉重。因为我知道,"考入"实习班,成绩不如意是直接原因。因此,对于大多数学生来说,想进高职班但分数不允许;想努力修正自己,但缺乏自律精神。于是,在矛盾中,低自尊导致的各种行为会不时发生。对于这样的"散兵游勇,熊孩子出没",严格意义上还不能称之为班集体的班级,严厉只会带来更加严重的低自尊现象,管控只会带来更多的失序行为。

那一刻,"孩子啊,我拿什么来帮助你?"的想法反复地在我脑中盘桓。午自修时间,全班很安静。几个升学愿望强烈的学生认真做着数学题,包括学习基础很差的小骏。看着他认真而又吃力地做题的样子,几许感动涌上心头。郎平说"女排精神不是赢得冠军,而是有时候明明知道不会赢,也要全力以赴",这不也正是实习班"小骏们"的写照吗?"孩子啊,我拿什么来帮助你?",我终于找到了答案。

为了让教育发生,管住学生是前提。因此,对动荡期的实习班,我采用了两手抓的策略。一手抓学风建设,尽最大可能为想考进高职班的学生创造一个坐得下来、学得进去的良好的学习环境。一手抓德育活动,不仅"管"住因为要去就业而什么都不要的"熊孩子",还要帮助他们树立自信,不因进实习班灰心丧气而放弃主动成长。

稳定全局,组建班干部队伍

(1)稳定学生情绪

分班名单公布后,我开始对学生和部分家长进行心理疏导。手机成了12345,办公室成了家长 VIP 接待室,QQ 成了心理热线。9 月后半个月,我时时会郁闷,忍不住会找同事、领导"吐槽",好在我用理性控制住了自己。首先,我利用国家二级心理咨询师的技术优势,对学生进行了情绪辅导和心理干预。目的是让班里的每个学生正确看待"分流",学会处理负面情绪,并且能明确自己的定位,制定成长的目标。其次，培优补差两头抓。班级里学习态度端正，学习基础良好，又有强烈进取心的学生，是"可以燎原的星星之火"。我不时表扬，时常激励，目的是帮助他们确立目标，树立自信，并且脚踏实地，奋发向上。对于特别后进的学生，除积极向原班主任了解情况，掌握其第一手成长资料，主动与其家长沟通之外，我还利用空暇间隙找学生聊天，找任课老师侧面了解情况。我采用的策略基本上是鼓励和提供具体的行为指导。特别是对于特别后进的学生，其主观上也想让自己变好的，其问题的症结大部分可以归结为意志力的问题。意志力不坚强，就会出现"戒断反应"。我遵循反复抓、抓反复的思路，对后进学生的教育，不抛弃，不放弃。

（2）组建班干部队伍

选拔那些相对品学兼优的学生担任班干部。为了增强其工作能力，我在加强示范引领之外，还采用了日本企业管理中的五步训练法：第一步，交代清楚事项；第二步，要求员工复述，确保员工听清楚了；第三步，和员工探讨此事项的目的；第四步，做出应急预案；第五步，要求员工提出个人见解。表面上看，同样的内容说五遍真的有啰唆嫌疑。我们早已习惯"好话不说三遍"。可是，用五步法培训班干部后，我很快发现，班干部解决问题的能力提升了不少。这也验证了我实验的初心：通过对话、复述、思考、反馈等，学生明确了工作的目标和具体内容，并且懂得了"为什么要这样，如何去处理，又该如何预防下次重蹈覆辙"。真是啰唆之下，饱含科学呀！

德育的魅力在操场

（1）篮球比赛的荣耀

实习班男生居多。全班 41 人，男生 29 人，女生 12 人。有意思的是，全年级的篮球高手几乎都在我们实习班。都说德育的一半在操场，让"灌篮高手"的青春热血在篮球场上激情燃烧，成了实习班班级建设的一件大事。为了充分利用好这个德育的契机，我亲自组织召开了两次"篮球专题研讨会"。第一次研讨会，民主选举了篮球队正副两队长，明确了队长的职责；同时，界定了打篮球的边界（什么时间可以去打，什么时间不可以去打），违规后的惩罚措施，赢得荣誉时的奖励。第二次研讨会，我专门讲解了"篮球场上的输和赢"以及如何正确处理篮球场上的冲突。经过两次专题会议，"经得起赢，扛得住输"，"体面地输，有尊严地赢"，"篮球精神不是赢得冠军，而是有时候明明知道不会赢，也要全力以赴"的理念深入学生的内心。

（2）大合唱比赛的风采

经过两个多月的班级管理，实习班整体走上了正轨，也好几次拿到了五项竞赛小红旗，学校的广播里也能偶尔听到表扬实习班的声音。慢慢地，学生们的班级归属感建立了起来。他们总是想在篮球场外，再让兄弟班的同学刮目相看一次。每年五月的大合唱比赛，是学校的德育传统。实习班的学生，早就摩拳擦掌。我在班里宣布我们全力以赴参加大合唱比赛的消息声音刚落，班长程豪说："老师我们私下商量好了，大合唱的曲目选《岁月神偷》。"我一听就乐了，这不是《逆时营救》的主题曲吗？真是"歌为心声"啊！看着学生们期待又自信的眼神，我满口答应。接着，我和学生一起进行了精心的策划，确定了合唱的形式，进行了领唱者选拔、歌曲过渡段的朗诵语言组织以及朗诵者的选拔，还有比赛服装的准备。一切有条不紊，班里几乎每个学生的潜能都被激发出来，热火朝天地投身到了合唱比赛的训练中。正式比赛那天，学生们统一穿着粉色 T 恤，斗志昂扬地站上了演唱台。余菲和程豪两位领唱一开唱，舞台下的观众便鼓起了掌。大合唱开始了，我发现每个学生都非常投入。那天天气炎热，学生们个个唱得汗流浃背；为了尽可能挥洒演唱激情，几乎没有专业演唱技巧的学生声嘶力竭地"唱着"，以至于脸部表情都有些狰狞。看到这一幕，我被深深地感动了。这样的学生，即便学习成绩不尽如人意，那又怎样？他们不缺努力和团结！

　　很快，期中、期末考试如约而至。班级中的 9 个同学成功跻身高职班。看着他们白豪地露出灿烂笑容时，我倍感欣慰。班里的其他同学也由衷地为这些优秀同学的成功而真诚地鼓掌！

　　当然，实习班少了 9 个同学，加入了 9 个同学。"上帝为每一只鸟准备了一截矮树枝。"我把这句话当作欢迎他们加入实习班的欢迎词。实习过渡班，终于不再过渡了。2019 年 9 月 6 日，全班 41 人正式踏上了顶岗实习的工作岗位。

实习班顶岗实习期的管理

学生顶岗实习管理是中等职业学校管理的重要组成部分。学校组织学生走出校门，到工厂企业中去实践，提高学生的知识和技能水平，达到"生产育人"的目的。高三伊始，实习班 41 人走上了顶岗实习的工作岗位，实习班可以说是实至名归了。为了更好地了解班级学生的思想动态，全心全意地建设好实习班集体，我做了第二次小调查。41 个学生，35 人想进高职院校学习，理由是"不想在读书的年龄去上班"。6 人决定高中毕业后就去上班，理由是"想早点找到工作，对读书早已心生厌恶"。面对学生的需求，我深表接纳、理解并且充分地给予尊重。我在想，我能为学生的成长、为学生的梦想实现，做点什么？又该怎么做呢？

学会两条腿走路

想升学的升学，想就业的就业，帮助学生活成自己想要的样子。我想，这就是我的使命吧。在学生走上工作岗位的前一天，我开了一次微班会，真诚地和学生分享了关于实习和就业的思考，并且提出了"崇实耐劳，赤心追梦"的班级精神。我劝勉书香实习班的学生们：职场上，我们脚踏实地，不怕劳累；生活中，我们守住梦想，永葆赤子之心。为了飞扬的青春，我们每一个人都要为成为最好的自己而努力。

（1）全员实习走访

如我所料，学生步入职场的初期，出现了种种不适应。我一面认真地了解、收集和实习管理相关的资料,一面在分管校长黄静、实训主任刘莉的帮助指导下,较为顺利地处理了学生们的各种实习事件。我想,作为实习班主任,不走进职场了解实习,不掌握学生职业情绪情感、职场感受以及职业生涯规划,可能永远做不好实习班的班主任。于是,趁着十一长假,我进行了全员走访。为了这次走访,我可是"煞费苦心"。我花了10天的时间,给班里每个学生写了一封信,每封信平均1300字。这些文字,都是夜深人静之时,我在键盘上一个字一个字敲出来的。写信的初心很简单,我只是想用这种纯粹的"过时"却不失传统的方式和我的学生们做一次最真诚的对话,做一次对班级精神内涵的最美诠释。

我在微信朋友圈里,记录下这次走访。"国庆长假7天,我完成了18个实习点的走访。早8点出门,晚8点进门,满满6天,整整72小时。我在万象城、杭州大厦、银泰百货、星光大道、沃尔玛、世纪联华、万达影城、瑞幸咖啡之间穿梭行走;地铁、'滴滴'、出租车、私家车、小红车,我在5种交通工具间任意切换;30封慰问信、39080个字,16000字的调研报告;30根棒棒糖,30个实习岗位;从心底溢出来的幸福,从眼神飘出来的感动,让我的探望、调研有了教育的温度。共和国的生日,我和我的书香班这样致敬您——伟大的祖国!"

征得学生的同意,我就展示一封我写给学生的信吧。

单思婕:

见字如面!坦诚地说,你是最让我牵挂的学生。你也值得我牵挂。真的,我们平时聊得比较多,也很聊得来。常常不自觉地想起,你在我办公室里,那银铃般的笑声。这份师生情,我将珍藏。每次想到你,执着、坚守等词语就会从我的心里涌出来,蹦到脑海里,跳到眼睛前。这些,对于正青春的你,何其珍贵啊。站得高,看得远,积极思考,努力奋进,这样的人,是有前途的。耐得住寂寞,守得住平淡,安安静静地工作、学习,诗意和远方早已向你招手了!

你沉稳而又有追求。要数沉稳,你是书香班里最沉稳的那一个;要数有追求,你是书香班里最执着的那一个! 我总觉得你的情商是最高的,作为你的班主任,我很骄傲。人世间无数事例都说明了这样一个道理:一个人能走得多远,要看这个人在面临大事的时候,在遇到理想与现实相左的时候,能否扛得住,能否擦干眼泪挺过去。从你身上,我欣喜地看到了你的反思、你的勇敢和坚毅。没有什么比这一点更让我以你为傲了。这几天,举国上下都在赞美女排精神,老师在你的身上也看到了女排精神。允许我再复述一下女排精神吧:"女排精神不是赢得冠军,而是有时候明明知道不会赢,也竭尽全力,是你一路虽走得摇摇晃晃,但是站起来,抖抖身上的尘土,依然眼中坚定。"

你踏实并且努力。你是一个老师同学都很喜欢的好姑娘,踏实也努力。学校里,常见你和同学讨论问题时,那写满谦虚好学的脸庞;也时常看见你跟在老师身后,虚心求教的努力背影。"越努力，越幸运"不是一句口号，而是一种学习方式，一条成长的必经之路。现在，你成为职场里的一员了，老师相信你一定踏踏实实地践行着我们的班级精神"崇实耐劳，赤心追梦"，所以，你也一定能成为受师傅赞美、受同事喜欢的最美实习生。古语说，条条大路通罗马。是啊，既然选择了远方，就只管风雨兼程。不忘初心，牢记自己的使命，坚定地走，踏实地走，怎么走，都是一条光明大道！

我和你在一起。老师知道你的梦想，老师也会竭尽所能为你做点什么。记住，在你前行的路上，你不孤单和寂寞。因为你的身后，除了你的家人、朋友，还有一个爱你的班主任老师。我们和你在一起！你始终要记得，工作之余，有空的时候，你要多向高职班的同学询问学习的进度、复习的情况、考试的要点，甚至还可以复印一下讲义资料。相信，只要认准了目标，加上勤奋的行动，天道总会酬勤，梦想总不会被辜负。记得，你说过，你也很喜欢那个麦兜。是啊，这个麦兜很平凡、很普通、很努力。我们都那么喜欢他，就像喜欢我们自己一样。麦兜说："我们可以慢慢向前走，但绝对不能后退。永远不要后退，退到最后是无路可退。"我们共勉，我和你在一起。

老师还想对你说：职场毕竟不同于校园。职场可能更为复杂，比如人际关系、上下级相处等。我想，多干实事，不参与是非，少说话，多做事。埋头自己的工作，专心自己的理想，活得简单而充实，就会远离烦恼，收获成长。当然，在适应职场、胜任岗位的同时，你还要谨记：业余时间多阅读，开阔自己的眼界，砥砺自己的思维，和书中的优秀人物进行对话和交流。用书香滋养自己，成长自己。当然对于已经锁定高职考目标的你来说，老师坚信你已经用行动做了最闪亮的回答。加油！

最后，我仍然想啰唆几句：上下班路上千万注意安全；工作中遇到业务技能不熟之处，多向导师请教，多向同事学习。优秀的人，走到哪里，都能发光。

爱你的班主任：梅子老师

2019 年 9 月 30 日

收到我的信后，单思婕和其他很多学生一样，以心得体会的方式，写了回信。她在信中说：

实习是每一个职高学生必须拥有的一段经历，它使我们在实践中了解社会，了解职场，让我们学到了很多在课堂上根本学不到的知识。最让我意外和感动的是，班主任陈老师打"滴滴"专门来看我了。她笑容满面地送给我一根棒棒糖，一封亲笔写的属于我一个人的信。我似乎很久没有收到过书信了，就像陈老师在信中说的，"纸短情长"，这封信让我满满地感动。我要在工作和学习上做到两头兼顾，既要赢在职场，还要胜在高职考。在这次实习中，我也发现自己存在的一些不足和有待提升的地方，主要有以下两点：

第一，专业知识掌握得不够全面。尽管在学校认真学习了专业知识，但是当前所掌握的知识面不够广，尚不能轻松胜任工作。在不久的将来，我会走上工作岗位，所以，我应该将所从事的工作看作新的学习的开始，只有在实践中学习、反思，才会掌握更多专业知识和技能。

第二，专业理论知识和实际技能衔接、专业实践阅历还不够。由于实习时间比较短，我还很难将所学知识全部运用到实践中去，通过实践所获取的阅历也很短缺。所以，在今后的工作中，我一定要抓住一切机会，多向师傅求教，多向前辈和同事学习。同时要及时转换学习方法，改变以往过于依赖老师的被动吸收学习方式，应主动积极向他人学习和请教，同时加强自学能力和总结、反思、提升解决难题的本领。总之，实习是课本知识的实际运用，是知识的源头活水。我会好好珍惜实习给我带来的思考，我相信这对我今后的工作也是极其有价值的。

人生的路还很漫长，我们初涉职场，难免会磕磕碰碰。但是，经历了，反思了，调整了，我们就会长大。适者生存，优胜劣汰是亘古不变的真理，在这个处处充满挑战的社会，我们只能让自己拥有实力，让自己不断强大。确定好自己的人生目标，扎扎实实地工作，把自己融入社会，让自己适应社会的发展需求。感谢这次实习，开阔了我的眼界，增长了我的见识，同时也让我对社会、对职场有了初步的体验。这是一种锻炼，也是一种磨炼，它是我"明天"工作和学习的铺垫。更重要的是，实习让我认识到自己的肤浅，更加坚定了要参加高职考、继续进修学习提升自己的决心。

坦诚地说，通过走访，我也收获巨大。通过和实习导师的交流，目睹学生职场工作状态，我掌握了学生实习的第一手资料，让我对实习有了一个相对客观理性的认识。通过走访，我对"电子商务""商贸专业"等词语的真正内涵有了更深切的理解。更重要的是，实习走访为我的班级管理扫清了盲点和障碍，我完成了一个实习班主任对实习从感性认识到理性认识的跨越。我在想，作为中职班主任，不了解专业，不了解企业文化，不下职场去观察、去思考，那么，我的中职班主任的专业成长之路，永远只能停留在路上。

（2）永远激励

虽然在实习岗位上偶发事件发生多起——亮亮事件、杰杰问题、赢赢案例、小俊情绪等，但班级管理"不头疼医头，脚疼医脚"的思维，让我在实习管理过程中，不抱怨，不急躁，凡事冷静反思，善于激励。人是需要被肯定、被激励的。尤其是对于"高职梦想很丰满，成绩现实很骨感"的实习班学生。一年一度的跨年联欢会，即将如约而至。为了让跨年更有成长的意义，结合学校的安排，我精心组织，精心策划，精心指导。

精心组织：通过 QQ 群、微信群、回校教育等方式，广泛动员，精心组织。要求每一个同学，都要有年终总结。年终总结可以是抖音、视频、微电影，也可以是朗诵、演唱、小品、情景剧表演等。总之，用你喜欢的、拿手的方式表达。

精心策划：根据上交的作业，因"材"制宜，利用现成的资料，再加工，再创造。学生自发组成了新华书店代表团，瑞幸咖啡表演队，世纪联华、沃尔玛、肯德基联合体，万象城、银泰百货、万达影城代表队。这些代表团队，紧扣"崇实耐劳"的班级精神，八仙过海，各显神通：有的演唱，有的朗诵诗歌，有的制作抖音视频，有的表演情景剧。

精心指导：跨年联欢，我们班余菲和沈曹骏被选为主持人。除此之外，新华书店代表团、肯德基联合体、万达影城代表队等队伍的诗歌朗诵也被选为学校表演节目。余菲的独唱也需要积极关注。于是，准备成人礼和跨年联欢会，遥控＋面辅、指导＋向在校学生求助，成了我那几天最忙碌的事。一边是 11 节课，一边是班级活动的组织、主持人、节目表演学生的面辅、视频的审核修改等等。虽然节目效果没有得到最完美的呈现，但是我知道，站在舞台上的体验会让学生们感觉到被认可、被关注，获得存在感、幸福感。这是推动他们成长的力量，自信的力量。

令人欣慰的是，整个学期，实习班"崇实耐劳，赤心追梦"的班级精神践行良好。学生们在企业踏实勤勉，好几个学生成了岗位上的骨干。年终总结评比中，全校被企业嘉奖的学生、被企业点名表扬的学生，我们班都占了很高的比例。每次回校，学生们都会去高职班索要资料，求教问题。有 3 个学生，在专业高考前期，竟然还偷偷瞒着我和学校，去高职教室蹭了 2 天的课，其"赤子追梦之心"可见一斑。

疫情之下的班级管理

突如其来的疫情,让学生停止了实习的脚步,也打乱了我的实习班班级管理计划。尽管如此,我仍要尽可能为学生做点什么,继续践行"崇实耐劳,赤心追梦"的班级精神不可丢弃。于是,摸着石头过河,"停课不停学"的线上班级管理模式,朴素地开启了。

(1)践行"崇实耐劳"的班级精神

①劳动教育

疫情初期,我第一时间在班级 QQ 群里对学生进行规则教育、生命教育、心理健康教育等。除此,我还对学生们进行了劳动教育。"劳动最光荣"这句话,一直停留在喊口号的层面。我总觉得,居家隔离期间,也是进行劳动教育的好时机。家庭是劳动教育的最好实践基地,日常生活原本就是劳动组歌。学生们可以帮助爸爸妈妈做些力所能及的家务,如整理自己的房间、洗涤自己的衣物,还可以烧一盘菜,做一次饭,利用电子商务专业优势,指导爸爸妈妈购得价廉物美的生活用品等。"崇实耐劳"并不高大上,它就在我们的日常生活里。所以,让学生动手实践,流自己的汗,穿自己洗涤的衣服,走躬身清洁的地板,吃自己做的饭,在劳动实践中体验劳动的快乐,体验亲情的美好,这是实习班"崇实耐劳"班级精神的最好诠释。所以,当我发出家务劳动教育抖音直播、视频制作、微电影分享的建议后,学生们显得颇为兴奋。当然,最兴奋的莫过于家长了。看着孩子"神一样的操作",心里真的乐开了花。

②职业精神培育

疫情下,电商大有可为。抗疫物资采购、物流配送、手机菜篮子等,电商为抗疫的物资保障、民生保障做出了巨大贡献。有专家预言,疫情过后,电商将呈爆发式增长。作为电子商务专业的班主任,我和学生们一样,对电商的抗疫贡献感到自豪和骄傲,同时,也对学生能遇见电商更好的发展机遇充满期待。可是,在和学生闲聊时候,我发现很多学生虽有"志业"电子商务的美好愿望,但言说电商,其内容无非电子商务人赚钱的时代、捞金的时代到来了。甚至个别学生还在戏谑调侃,发家之后,如何包下游戏电商,如何乘豪华游轮周游世界等。学生们仅仅看到电商的无限商机,却看不见电子商务人的爱岗敬业、历史使命、社会担当。联想到实习走访时,发现一些学生眼高手低、好逸恶劳、拈轻怕重的现实情况,我深表忧虑。我始终认为,从事某种职业,如果基于功利的出发点,不但专业成长走不远,也会让自己的人生之路落入"物质至上"的窠臼。没有社会担当,没有公民责任感的"人才"不是教育的目的。我甚至觉得,个别不良电商人用假冒伪劣商品欺骗人,哄抬物价事件,以次充好,骗取信任,损人不利己的故事时常上演的部分原因,是家庭和学校过于重视职业技能教育,忽视人格教育。这种职业素养教育的缺失,让学生成了"技能上的巨人,人格上的矮子"。

基于以上分析,特殊时期,要把"崇实耐劳"职业精神教育落到实处,需要班主任精心设计主题,精心设计评价方法。对于中职学生,首先,崇实耐劳的职业精神和态度是根基。其次,职业技能的高低往往决定了职业情绪情感的好坏。再次,疫情之下,"阅读是一座随身携带的避难所",这既是对阅读兴趣的激发,也是对精神的滋养。综合以上分析,四个学习专题和实际操作的评价反馈方式应运而生。

表 5-1 阅读专题会

专题主题	专题内容	评价方法
职业精神	爱岗敬业篇	我的"实习 12 时辰"微视频展播
	诚信戒欺篇	班级"超级演说家"评比
职业情感	疫情下电商人物故事展播	电子商务人的名人名言收集
	职业与事业	优秀电子商务人电子小报比赛
家务劳动	做我最拿手的一道菜	抖音视频制作
书籍阅读	疫情下的"清流"	寒假"阅读最美"摄影作品评比
	传统经典名篇阅读	读后感写作

班级精神就是班级的灵魂。班级精神的提出和确立,是目标层面的引领。比目标确立更为重要的是实践体验。因此,无论是居家劳动教育,还是网络中的四项专题教育,其实质是崇实耐劳精神的行为养成教育,是班级精神落地的教育。

(2)赤心追梦

实习班的班级精神的践行不会因疫情而发生改变。可是,班主任需要面对的问题变了:班主任努力,家长焦虑,学生"佛系"。对于本不爱学习的实习班学生来说,居家隔离更是变成了"正当逃学的福利"。他们学习主动性几乎为零,一谈学习就昏昏欲睡;职场工作的惯性,又很难让学生静下心来学习;更多的学生不知道要学习什么,更不知道该如何学习。于是,学生们变成了躺被窝、玩游戏、吃零食的"网络学困生"。相对于普通高中,中职学校的家长群体整体文化素养不高,家庭教育能力偏弱。杭州较高的生活成本,又使他们常常为生存而忙于工作,鲜有时间进行亲子沟通,导致亲子关系不佳。疫情下,家长面对孩子的种种不良行为,深感监管无力,甚至还发生了肢体冲突。

没有任课老师线上教学,没有小伙伴聚在一起的学习氛围,没有现成的复习资料,没有靠谱的家长助力,如何践行"赤心追梦"?

①双管齐下

办法总比困难多。学习的主体是学生。班里想升学去高职就读的学生存在的最大的问题是:语言的巨人,行动的矮子。每次班主任一番教育指导过后,学生们"听听激动,想想感动,回家不动"。自律意识缺乏,自我管理能力薄弱。表面上喊着"我要学习",实际中浅表学习或虚假学习。更主要的是长期积累的"习得性无助"让学生们望学习兴叹。这种情境下,帮助学生树立能考上的信心,反复刺激他们要实现高职梦想的激情,是扭转问题的关键。如何激发? 我想到了三个策略。第一,用国家高职院校招生的相关政策进行宣传激励。国家高职院校招生政策已经出台,"扩招"已成定局。人的成功,机遇很重要,我们实习班遇到了好的机遇。疫情下,大家都居家"自学",都处于同一起跑线了,谁自觉,谁成功。第二,励志教育。我在线上开了两堂励志教育微班会,与同学们回忆当初分班时候的诺言,让他们想想自己的梦想,告诉他们,最后 3 个月的奔跑,坚持就是胜利。第三,发挥同伴教育的力量。鼓励学生向高职班同学讨要学习资料,求教学习疑难,咨询学习进度。

对实习学生而言,居家的日子里,想要让学习成为一种生活方式,家长的力量不可小觑。我想,不管家长、孩子愿不愿意,亲子关系和谐不和谐,一家人在一起 2 个月已成定局。我对家长说:"当下应履行家长的监护人职责,调动一切可调动的力量,努力为孩子注入学习的动力和热情。'神兽'出了学校和企业的笼子,进了家里的笼子,教育的监管重任 90%靠家长了。调整好自己的情绪,动动脑筋,想想办法,努力让孩子的生活丰富起来,把停课不停学落到实处,是家长最重要的任务。试着让孩子养成和高职班同学一样的作息时间,试着每天积极关注孩子的学习状态。孩子学习时,家长翻翻杂志,给孩子泡杯奶茶,这些都可以做到。只有学生自觉,家长监督,学习才能有效发生,'赤心追梦'才能有希望的光亮。"

"左手学生,右手家长,两手齐抓,双管齐下"的教育策略的实施,激发了学生的学习热情,帮助他们树立了学习的自信心。学生对"赤心追梦"有了深度理解,家长对孩子的积极关注有了真切的感受。家长和孩子们都坚信,明天一定会更好!

②以身示范

学高为师,身正为范。有时候,班主任是什么,学生们就是什么。如果说孩子是看着父母的背影长大的,那么学生就是模仿着班主任的言行成长的。班主任懒散,学生就会质疑班主任的教育;班主任言行不一,学生就会鄙薄班主任的人格;班主任动嘴不动脚,学生就会应付班主任的管理。身为班主任工作园地里的老兵,我深知自己的一言一行会潜移默化影响学生。所以,我严格要求自己。那天,当家长在微信群里控诉自己孩子的不上进，述说自己焦虑心境的时候，我诚恳地对家长说："我每天给自己立规矩：写文章、阅读、锻炼。等开学了，我想我的新书可以写好，课题可以完成，读 3 本书的目标可以实现，保持体形的誓言可以兑现。人要学会坚持，走过冬天就是春，一切都会好起来的。"当我把这段文字发到班级群、家长群的时候，无论学生还是家长，都在短暂的沉默过后纷纷为我"点赞"。我想，我之所以这么有底气，那是因为我真正做到了一个好学上进、踏实勤勉的班主任应该有的样子。

生平第一次带实习班，写下班级精神建设路上的种种，无论看得见还是看不见，都很琐碎也很轻微。还有我没有说的许许多多的一件件、一桩桩小事。它们影响、改变了我的一些教育视角，也丰富了我的教育生活，促使我以更为包容、更为豁达、更为科学和理性的思维去对待教育，去对待班主任工作。我想，"崇实耐劳，赤心追梦"的班级精神究竟给实习班留下了怎样的一份精神财富？借用郎平的那句"女排精神，不是赢得冠军，而是明知道不会赢，也会竭尽全力"来说，"实习班'崇实耐劳，赤心追梦'的班级精神，不是赢得高职考胜利，而是明知道不会赢，也会竭尽全力"。

写下这段文字的时候，疫情已在全球肆虐，开学的日子变得遥遥无期。不管怎样，经历了这一切，我和实习班的学生们都收获了巨大的精神成长：执着坚毅地赤心追梦，勇敢理性地面对灾难，信念坚定地走向未来。春天已经到来，希望永远不会消失。

书香班文化建设结果

陆

　　我认为，书香班文化建设实践和其他班级文化实践的最大不同之处是"把阅读当作推动学生成长的最大动力"。阅读是生活的一部分，它很小，可是，它又犹如宇宙般博大，有一种冯至在他的《十四行诗》里所写的"给我狭窄的心，一个大的宇宙"的味道。所以，书香班文化建设实践，最大的成功是"让班级学生对读书的认识发生了深刻的变化"。他们由最初的不愿意读书，没时间读书，到能静下心来认真地阅读；从休闲消遣阅读转到人物传记阅读、名家名作阅读、经典阅读；从碎片阅读转到深度阅读再上升到品质阅读。如果去掉特定的历史文化背景，"阅读意识"已经渗透进学生的内心。或许短时间里阅读的作用无法显现，但无论如何，一定会在学生以后的人生中彰显。

为学生增添了一抹书香气质

　　我的书香班建设之路，从最初一腔热血只想提升中职学生"书卷气质"的蛮干，到有目的、有方向、有计划的探索实践，前后经历了5年时间。这几乎是我这个一线的草根班主任，本着对班主任工作的热爱，在班主任工作园地里摸爬滚打出来的原生态思考和研究实践。虽然没有理论高度，没有美丽炫目的华丽辞藻，但是，这种"原生态"教学犹如田野里的泥土芬芳，的确给了学生很多滋养和改变。

学生的阅读呈现阶梯式发展

高一第一学期刚开始的时候,我就对学生进行过阅读情况调查。在信息化、网络化的今天,书香班学生的阅读状况却不尽如人意:阅读方式碎片化(电子阅读占主流);阅读内容粗浅化(以惊悚悬疑、言情娱乐、盗墓休闲、动漫武侠为主);阅读目的娱乐化(以消磨时间、感官刺激为主)。这样的阅读状况让我焦虑。因为我深知阅读的碎片化、粗浅化和娱乐化,容易导致学生的专注力缺失,也会让他们变得日益肤浅和浮躁。阅读尤其是经典阅读、全书阅读对提升学生的创造力有极其重要的作用。阅读还和思维品质紧密相连,阅读是提升思维品质的最佳途径,而思维品质往往决定了人的一生。

所以,我不遗余力地建设"书香班级"。班级学生的阅读有了渐进和渐变的阶梯式发展过程。

表 6-1　书香班建设前后阅读情况汇总表

	实践前	实践后
1.当布置"22 本书、20 部电影、10 首音乐"的阅读书目时,学生能很高兴地记录下书名,并快速购买;当阅读课来临,学生大都喜形于色;自修、业余时间沉浸于品味书香的时间日渐增多	32%	68%
2.阅读评价展示课来临,能大胆自信地亮出自己,并对阅读展示成果表示满意	43%	86%
3.写作热情得到一定程度的激发。在进行"阅读沙龙"时,能对阅读内容进行评价和讨论,还能写出有质量、有数量的读后感	30%	78%

续　表

	实践前	实践后
4.对人文行走、寻找最美书店等文化活动,显示出极大的兴趣	28%	49%

从表 6-1 中,我们不难发现阅读对学生的成长的意义。总之,阅读让普通平凡的人有机会和高人对话,有路径去观察万千世界的多姿生活,有条件去体验、去丰富人的情绪情感。

学生语言表达能力、写作能力等进步明显

书香班建设,使学生的思维深度、语言表达能力等不同程度地超越了兄弟班级。任课教师很愿意选择我们班进行公开课展示。例如学生在主题班会"希望从来不曾消失"的公开课上,对电影的解读,对生活的思考,对逆境的体察,让与会老师赞叹。我班也常被误以为是"3＋2"班。伴随着阅读的提升,班级学生的写作能力也有了长足的进步。以电商 146 班(高职预备班)为例,我接班前班级作文平均分 36 分,后来四次高职模拟考试,作文成绩持续小幅上升。最后一次高职模拟考,班级作文平均分 43 分(试卷评分是 12 个语文老师流水阅卷)。后来该班高职考的语文平均分达到 101 分。虽然无法得知作文的具体分数,但就普遍规律而言,语文高职考的成绩的高低,往往取决于作文的得分。

高考作文,通常考的是议论文。分数背后折射出的,往往是学生的语言表达能力、独立思考能力,以及思维能力。还有,读书沙龙分享会上,也常常能聆听到学生们对书的内容、书的主题等方面的独立见解。

虽然有时候不免有"书生意气,挥斥方遒,指点江山,激扬文字"的年少轻狂,但是这种洋溢着年少豪迈的激情,充满了独立思考的种子,那是青春的学子最美的样子。

学生浮躁心性得到调养,业余生活不断丰富

阅读导行塑型,阅读培养人的精神长相。书香之于学生的浸润,主要体现在班级没有出现重大违纪行为,学生道德是非观分明。尊重他人、文明友善等美好行为不时情景再现。班级大部分学生尤其是男生的青春期浮躁心性得到了不同程度的改善。课间,教室中不再充斥着喧哗和吵闹声。午间休息时、自学课时不再呈现一派热闹场景,埋头阅读的"低头一族"日渐增加。塑造书香气质,厚实生命深度成为学生的追求。

阅读也改变了学生的生活方式。书香班学生沉湎手机、沉沦于游戏的时间明显减少。走进电影院看电影、去音乐厅听音乐、去图书馆阅读心仪的图书、逛一逛画展、听一堂公益讲座等书香活动走进了学生的生活。据高二学年期末调查统计,书香班学生每学期平均走进影院观看电影3场,听音乐会1场,购书6本。在第一届钱江新城城市阳台图书节上,班级学生每人购买图书至少1本,13位家长陪同孩子一起前往。此外,因为有了"走进北山街""遇见苏东坡"等人文行走带来的文化积淀,很多学生当起了来杭亲戚朋友的"导游"。导游当得像模像样,和谐了亲子关系,也优化了亲戚朋友间的关系。阅读真正走进了学生的生活。

为班主任的专业成长加钙进补

　　常听到很多班主任对我说："工作以来，因为各种理由，我几乎没有完整地读过一本书。我几乎天天在教育学生要读书，学生往往是左耳进右耳出，听了你的书香班建设讲座，我终于明白，原来是我自己也没有好好读书，学生怎么会相信读书的力量呢？"对此，我深表赞同。当然，我更认为，阅读是班主任专业成长的助推器。

　　教师的主体性、自主性、创造性得到了发展

　　教学相长。书香班建设不仅给学生、给班级带来了助力,对班主任老师也是一种促进。实践出真知,我在书香班实践研究过程中,自己也在不断地思考和成长。阅读,实践,写作;总结,反思,再实践,再写作。阅读丰富了实践,实践检验了阅读,写作深化了思维,拓宽了视野和心胸。

当班主任让我渐渐获得了一些非常重要的品质:敬畏生命、包容宽厚、踏实勤勉。更重要的是当班主任铸就了我勤于反思的个性品质,反思的重要手段之一就是写作。"我写故我在,我思故我在。"没有行政命令,不是完成任务,写作完全是我自动自发,从心而为。即使是在当班主任当得痛苦焦虑迷茫的时刻,我的内心仍然有一盏明灯。流沙河先生说:"理想是石,敲出星星之火;理想是火,点燃熄灭的灯;理想是灯,照亮夜行的路;理想是路,引你走到黎明。"(《理想之歌》)阅读就是我的理想。因为理想,我时刻告诉自己:要学生阅读,你自己首先要沉迷于阅读;要学生写作,你必须笔耕不辍。在阅读和写作中,我的主体性、自主性、创造性得到了很大的发展。德育手段创新了,不按套路出牌;德育活动多元了,不沿袭旧有思维在原地打转。可以不夸张地说,书香班建设激发了我当班主任的潜能。

专业思维促进专业成长

教育从来不是一件没有功劳也有苦劳的事情。"会做"班主任比"愿做"班主任更重要。否则,班级管理就会"踏踏实实、勤勤恳恳"地误人子弟。就像很多班主任一样,我在班主任工作中不会缺少爱心、耐心、责任心、谦逊心、自信心等"五心"精神品质,或者脑子勤、脚步勤、眼睛勤、嘴巴勤、双手勤等"五勤"工作作风。有那么几年时间，我极度排斥做班主任，现在想来，其实最关键的问题不是班主任工作的繁杂，而是我缺少班主任工作的专业思维。"忙和茫"导致了"心亡"。书香班建设，聚焦"阅读"，关注学生的精神成长。它把我从繁杂的班级管理中解放出来，从而使我有时间和精力去思考、总结和反思。思考、总结和反思让我能多维度地对待教育，高站位地思考教育。多维度，就能看得清；高站位，就能看得远。

<h2 style="text-align:center">立言是为自己加钙进补</h2>

史学家左丘明说："太上有立德，其次有立功，其次有立言，虽久不废，此之谓不朽。"（《左传·襄公二十四年》）这就是著名的人生三不朽——立德、立功、立言。有教育专家说："对教师而言，立德就是扎扎实实地践行教育真理；立功就是真心实意地服务学生，发展学生；立言就是总结育人规律，传承育人智慧。这是一种人格的成功和升华。"

25 年一线的班主任工作实践，让我对班主任工作，对教育有太多太多的感悟和理解。立言是一种物化，物化自己的教育之路。立言还是一次回归，是在教育行走途中的回望和审视。我带班有自己的特色，带出了书香特色的班级文化。如果我不把这些写出来，那将是人生的一种遗憾。于是，2017 年 4 月，我的第一本书《我和我的书香班》出版了。如果说第一本书《我和我的书香班》是率性而写，激情而写，仅仅是为表达而表达，记录而记录，那么第二本书完全是一种方法论层面上的写作表达。我为什么要建设书香班？书香班从何而来？书香班具体操作路径是什么？书香班实践成效又在哪里？这样的立言文字，不但让我厘清了自己的思路，也深化了思想。立言其实是在给自己加钙进补，给自己一个坚实的成长的基点，让自己再次成长。立言的更大价值是，帮助我实现由实干型班主任向反思型班主任的转变。法国哲学家梅洛-庞蒂曾经说过："没有表达力的智慧不是智慧。"（《眼与心》）立言让自己成为书写者，书写自己的带班理念和心得，让班主任工作更有意义。

书香班文化建设的反思

反思是一种自我觉察。在书香班班级文化建设过程中，我有时会感觉到障碍和阻滞。

书香班定位的虚化带来了实证研究的困难

在创建书香班级过程中，"书香"这个难以量化的"虚无"特点，给人一种抓不住的感觉，在一定程度上给实证研究带来了困难。另外，任何学校，本身就是书香之所。因此，书香班这一说法虽然符合人们的语言习惯，却不太有严密的科学思考。这说明书香班本身的称呼定位可能有偏差。另外,书香班班级文化建设的有序性还有待加强。

学生的阅读书目和阅读实际的结合有待加强

学生阅读书目的推荐要符合班情学情,要符合学生的最近发展区。同时,学生阅读兴趣的培养,阅读热情的激发更要和学生的阅读层次相契合。本人在具体的操作过程中,有时用班主任单方面的期望代替了学生的阅读现实,急功近利地推荐了一些超越学生理解力、阅读力的书,导致有些经典作品变成了书架上的摆设。

和专业结合不够

中等职业学校不同于普通高中。学生的学习,很大一部分是专业技能的学习。因此,学生的全面发展和健康成长离不开"专业阅读"——和专业技能提升密切相关的阅读。而我的书香班阅读,几乎和学生的专业阅读毫无关系。更多的类似于普高职高学生都要阅读的"公共基础课"。书香班所学专业是电子商务。很明显在我的书单里,没有电子商务人的职业精神培育,电子商务人的职业素养修炼。这不能不说是中职书香班建设中,不该被遗忘的遗忘。所以,增加专业阅读,丰富阅读书目,是书香班建设接下来的重点。

细细想来,书香班文化建设领域似乎很小。但是,我却花费了大量的心思,几乎投入了班主任工作的全部激情。因为我觉得,书香班班级文化建设有很大的发展空间,我要抓住这细微的一个点,进行精耕细作。当然,尽管我很用心,书香班建设也有值得我反思和总结之处。因此,本节标题用"结果"这个中性词,而不是别的类似于"成功"这样的词。

后记 写下即永恒

　　3 年前,我的第一本班主任工作散文集《我和我的书香班》出版发行。记得当我拿到沈娴主任送到我手上的新书时,我激动不已,随即写下了些许文字在朋友圈广而告之:"我没有很高的天资禀赋,但我知道上帝为每一只笨鸟准备了一截矮树枝;我没有如花的容颜,但我笃信写作是平凡女人上等的美容。多少个万籁俱寂的夜晚,摇曳着灯光那支迷人的笔杆,我用我心在键盘上敲下《我和我的书香班》20 万的文字。今天我把皮鞋擦得锃亮,把衬衣、裙子熨得笔挺,然后认真地穿上西装外套,优雅地把自己埋在钟书阁,万分万分虔诚地从沈主任手里接过样书,醉醺醺的一刻激动地想流泪! 然后我捧着书亲吻了它。谢谢亲爱的同事们善良的朋友们的包容,让我可以如此肆意如此张扬地活出自己想要的样子。今夜我将无眠。"可以说《我和我的书香班》的出版,是迄今为止影响我一生的最重大的事件,它能够让我在 80 岁垂暮之时,带着微笑幸福回味。

　　3 年后的 2020 年,我迎来了从教 30 年的日子。我的恩师,杭州市科技职业技术学院的何树贵院长鼓励我说,今年赶紧写第二本书吧。我的老领导,杭州市电子职校的邬向群书记鼓励我说,30 年了,再写一本书吧，当作给自己从教 30 年的礼物。当时，我仅仅是心动了一下，并没有付诸行动。我担心没有时间，更没有写作的恒心。也许是老天有意安排，去年年底，我的省级规划课题立项了，课题的主要内容是校园文化建设。因为自己一直致力于书香班建设，所以我当时就想，书香班建设实践刚好可以作为校园文化建设研究的一个切入点。同时，也可以借机对自己的书香班建设实践再做梳理和反思。而因为疫情，超长寒假不得不"宅"家。于是，竟然就此有了写作本书的时间和动力。

跟随内心的真实

众所周知，当班主任真的很忙，工作细碎而繁杂。早自习、课间操、午自修、自修课、体锻课，时时需要在场；班级纪律、教室卫生、仪容仪表，种种需要牵挂；师生、生生、家校关系，样样需要协调。当了班主任，加班就成为一种常态：设计主题班会，创新德育活动，整理谈话记录。当班主任似乎还是个"高危"职业，时刻要关注学生的身心健康，一不小心就可能引发严重的师生冲突。

那么多人，不愿意做班主任。可是，我却还是喜欢当班主任。

电影《无问西东》中有几句台词说得极好：

什么是真实？

你看到什么

听到什么

做什么

和谁在一起
有一种从心灵深处满溢出来的
不懊悔也不羞耻的平和与喜悦
…………
这个时代缺的不是完美的人
缺的是从心底给出的真心、正义、无畏和同情

人一旦跟随内心的真实，凡事便不需要选择，所到之处就是康庄大道。我内心的真实是，只有当班主任，我才能体会到教育生活的幸福和完整；只有当班主任，我才能时常感觉到生命仍朝气蓬勃。对我而言，班主任不是一个简单的称呼，它是我生活的重要组成部分。

曾经，我因为当班主任，心力交瘁，迷茫焦虑，也有过被教育问题困扰，深陷泥潭不能自拔的痛苦时光。在要不要当班主任这个问题上，我曾经非常坚决地投过反对票："评上高级，唯愿此生不做班主任。"庆幸的是，百转千回后，我还是回到了班主任这个最平凡的工作岗位上。最迂回的道路其实就是最直接的道路，生命往往以曲线行直线。

曾经，我还因为喜欢当班主任而放弃了走上"仕途"的机会。在传统观念里，人有个"一官半职"才能光宗耀祖，才有资格成为人生的赢家。我是"非主流"，我极其不喜欢做"官"，半年的学校中层经历清晰在目。客观地说，德育中层在中职学校尤其重要。它往往起到承上启下的关键作用。可是并不是所有的人都有这样的志向，都有能力去扛起这份极其重要的工作的。对我而言，我的个性不适合当德育主任，心里

对这个职位也没有半点兴趣。我当德育主任只是为了领导的重托，只是一个教师在学校需要时候的担当。

现在，我喜欢当班主任，并不是因为头上的那一点点光环。我觉得，即使那一点点光环也是根植于自身和学生的发展上的。有老师说我已是杭州市名班主任工作室领衔人，是杭州市最美班主任，也登上了《班主任》杂志封面，走了不少地方，开了不少讲座，有一定的知名度，或者已然是一名"专家"，有资格对别人的班主任工作指指点点了。说实在的，如果爱慕名和利，我一定不会选择做老师，我也一定不会走到今天。我是一个不会为了生活的火柴而熄灭理想的火焰的人。我当班主任更多的是为了让自己好好活着，不让自己成为"油腻"中年妇女，尽可能让自己的灵魂有书香气。我喜欢当班主任，那是因为心底的真实。

一群人，一起走

由于种种原因，寒暑假和双休日我偶尔会外出和全国各地的同人交流。我只是捧着一颗分享之心出发，让我感到意外的是，我的讲座分享引发了同人的好评。也因此，我汗涔涔地拥有了很多的"梅粉"。之所以汗涔涔，还真不是我谦虚。我总觉得自己对班主任工作的思考和做法真的不是很成熟，很多还仅仅停留在经验层面。但是，听我讲座的老师们却不遗余力地真诚地鼓励着我。上海的萍老师，送给我一只一针一线亲自缝制的小巧精致的旗袍手提包；北京的空谷幽兰老师，兴师动众地给我用大箱子寄来了自己亲手制作的纸艺花；四川的老师、吉林的老师、山东的老师缠着我要我收他们做徒弟。至于微信上的激励留言,更是数不胜数。老师们都买了我的第一本书,都极其真诚地希望我能出版下一本书。如果说第一本书是散文式地表达自己对班主任的理解,那么第二本书就是方法论,是具体地叙述自己如何创造了一间书香教室。

我在感动的同时,更多的是一份惶恐、感恩和责任感。惶恐于自己的"本领不够",感恩老师们的支持和鼓励,我有责任用更专业、更系统、更具有操作性的分享去回报爱我的老师。我的实力现在还无法引领老师们,但是,我们可以一起向前走,因为志同道合的一群人向前走,能走得更为遥远。同时,我还了解到,很多班主任老师也在致力于书香班建设,写作让书香班级建设有了思想交集的舞台。读我的书,我们在交流切磋中达成了共识:书香文化建设是一门"行"大于"知"的科学;书香班并不是将传统的班级管理手段冠之以书香那么简单;书香班也不是只要在教室里放一个书架,开一次主题班会,或者辅导几个学生作文获奖那么容易。书香班绝对不是停留在内容上的阐述,而是立足于班级文化孕育、形成、发展和成熟过程中的内在逻辑联系上的创造。

写下就是永恒

我喜欢当班主任,并且喜欢当书香班的班主任。在任何场合我都发自肺腑地说:"如果身体允许,我愿意当书香班主任到退休。如果一辈子不退休,我愿意当永不退休的书香班主任。"如今,我已当了25年的班主任。有些老师说:"'苦媳妇已熬成了婆',无论是班级建设,还是学生教育,你都已经驾轻就熟了。"事实上,我还远未达到这境界。相反,我时常强烈地感觉到,当班主任,我还很肤浅,当班主任,我还在路上。时代在变化,学生在变化,一届届,一年年。学生不是生产流水线上的产品,他们是鲜活的、具体的、独特的。当班主任不是熟能生巧的技术活,而是一门艺术。

喜欢是需要表达的。快乐和幸福也的确需要分享。分享能成长自己,或许也能给正在班主任路上的同人,尤其是年轻班主任带去点启发。而表达的最好方式,无疑就是写作了。老师这个职业从来都是以精神富足为主要特征。写下即永恒,那是对生命的慰藉。尼采说:"每个不曾起舞的日子都是对自己生命的辜负。"(《查拉图斯特拉如是说》)我希望我的生命以文字起舞,不辜负当班主任的美好时光。

2020年新年伊始,我始终觉得,有两种力量开始在我的生活中激荡、激荡、再激荡。一种力量推着我往外走,往高处走,往专业成长方向走;一种力量拽着我向内收,往初心回。深深感谢这两种力量,工作不是眼前的苟且,它应该拥有诗意和远方。

谨以此文,献给和我一样热爱班主任工作的你。我们共勉!

2020 年 7 月 20 日